学校が楽しい教育の改革とその実践

いじめをなくする遠回りな近道

渋谷栄一著
Shibuya Eiichi

風詠社

目次

装幀　2DAY

Education

■教育とはなにか

「教育」という言葉は江戸時代にはなかった。当時の日本語には「仕込む」という言葉しかなかったという。

明治になって「Education」という言葉が日本に持ち込まれたが、この言葉の概念、意味に合う日本語の言葉が見つからなかった。そこで中国の古典の「孟子」から「得天下、而教育之、三楽也」（天下の英才を得て、而してこれを教育するは、三の楽しみなり）という文を探し出し、その中の「教育」をもって、これがよかろうということになった。

「EDUCATE」の語源はラテン語の「EDUCATUS」で、「E」は「外へ」を意味する接頭語で、「DUCARE」は「導く」という意味である。したがって「能力を導き出す、引き出す」という意味になる。「エデュケーション」は「可能性を導き出すのに手を貸す」という意味であり、「教育」のニュアンスとは全く異なるのである。

明治になってからも「教育」という言葉はあまり遣われなかった。

その頃の一つの出来事として興味深いのは、福沢諭吉である。

その時代を年代順に並べてみる。

一八五九年　芸妓小染の乗った船が暴風に遭いハワイに漂着した。

一八六〇年　福沢諭吉が初めてアメリカに渡る
一八六一年　福沢諭吉がヨーロッパに渡る
・
一八六八年　明治元年

芸妓小染と福沢諭吉とはなんら関係ないが、こういうことが一事件として記録されていた時代であるということが興味深い。

このころの福沢諭吉はオランダ語についてはある程度理解していたらしい。アメリカへ最初に行った時に、ウェブスターの辞書を購入したという。中浜万次郎（ジョン万次郎）の薦めによるという。福沢諭吉は一八八九年（明治二二年）になって、重要な発言をした。

「学校は人に物を教うる所にあらず。ただその天質の発達を妨げずしてよくこれを発育するための具なり。教育の文字ははなはだ穏当ならず、よろしくこれを発育と称すべきなり。かくの如く学校の本旨はいわゆる教育にあらずして、能力の発育にあり。我が国教育の仕組みはまったくこの旨に違えりといわざるをえず」

と主張したのである。福沢諭吉はアメリカ合衆国およびヨーロッパの事情を見聞していたので、さすがにエデュケーションの真意をとらえていた。

だが、残念なことに、当時の政治家や学者の目からすると、福沢諭吉より孟子の方が信用に足る人物であったのであろう。たとえば、前述の孟子の言葉「得天下、而教育之、」という一節を中国語が非常に堪能であったヤング・アレンは「教育」をEducationとは訳さずteachと訳している。「教」という字があるからであろう。もう一つの理由は孟子の文を読めば解るとおり「君子の楽しみの三番目はこれである」と言っているからである。もう少し詳しくいうと「孟子がいわれた。君子が人を育てるには五つの方法がある。すなわち第一は…、第二は…、第三は英才を得て、その子を育てるのは君子として、私の楽しみの一つである」というのである。

当時の日本の政治家と学者たちよ！　孟子は自分の楽しみのために子どもを育てるには、と言っているのだ。そのような意味を持つ「教育」という言葉を、日本で遣うことであってもいいのか。福沢諭吉はそのことに気づいたのである。それで「教育」という言葉は良くないと言ったのである。当時の中国人たちはさすがにそのことを知っていたから、孟子の「教育」という言葉を遣おうとしなかったのだ。原典を日本語に翻訳した「小林勝人」という人はそういう思いを知らず、「教育」をそのまま遣っているという。

教育という言葉が当然のように遣われている今になって、私のように、エデュケートとは意味も概念も違うと叫ぶのはちょっと遅いとは思うのだが。福沢諭吉でも認めてもらえなかったのであるから致し方がないと思う。とても残念である。

教育という言葉が日本に少しずつ定着するようになったのは明治二三年（一八九〇年）の明治

天皇の教育勅語以後だという。

当時の日本では、お寺に子どもが随時集まって無償で読み、書きが「仕込まれて」いた。その「寺小屋」から学校教育への移行は、今では考えられないほどの大変なできごとであった。

当時、寺小屋や藩校で行われていたのは生活上必要な読み書きそろばんと「学問」であった。立身出世のために学問が奨励されたのである。

教育という言葉はできたものの、その出番は、なかなかなかった。「教育」より「学問」が奨励されたのであった。一般の庶民や百姓は、立身出世は縁がなく、読み書きもさほど必要なかった。明治政府により、学校教育が「子どもを、学校へ行かせなければならない」と義務化され、その上、学校維持のための経費が掛かるようになり、決められたお金を払わなければならなくなった。それ以上に困ったのは、子どもの労働力が奪われてしまったことである。

学校設置には庶民の反対が非常に多く、日本中で学校の焼き討ちが始まったのである。

明治六年、今の岡山県の騒乱。ここでは三校が焼かれ、十五校が破壊された。

それから、次々と波及し、明治六年だけで、放火対象およそ百三十ヶ村。焼失およそ五百二十七ヶ所と報告されている。学校ばかりでなく、教員の官舎、県の出張所、巡査の家、戸長宅、豪商宅、その他の民家も被害に遭っている。このような破壊活動や焼火騒動は明治九年まで続いたとされているが、自然に収まったわけではなく、軍隊が出動してようやく沈静化したといわれているけれども、一般に知られていないものも数多くあり、その後もしばらくは続いたものと思われている。

そのころ学問を奨励するために「文部省」もできたが、何の力もなく、文部省は消滅寸前だったようである。

明治二三年、天皇陛下の教育勅語の力を借りて少しずつ落ち着いたらしい。日本中の学校で、教育勅語の暗唱が流行り（義務付け？）学校同士の競争にもなったようだ。

福沢諭吉が大切な発言をしたのはその（教育勅語の）前年のことである。

教育という言葉は、中国から来たが、中国では孟子から教育という言葉をとることなく、日本から逆輸入することにしたから、中国では「Education」を介在することなしに日本の「教育」をそのまま採用することになったようである。

それ以来日本では、「教育」は教え育てることだと誰もが思い、「能力や可能性を導き出す、引き出す」ものから離れていった。その概念や認識は教育界にとどまらず、ほとんどの日本国民も、現代にいたっては、新聞、テレビにおいても「エデュケーション」から離れてしまい、「教える」ことが教育であると思うようになったのである。

（中国の現在の教育事情は、日本と同様かそれ以上に厳しいようだ。大学受験の様子を見聞するところによると、北京のある一流大学の競争率は六千倍だそうだ。日本ではどんなに高いとしても、二十倍とか三十倍ぐらいではなかろうか。考えてもぞっとする話だが、合格者が一人出るごとに、五九九九人の浪人者が出るのである。だから金持ちの家の子どもたちは日本に留学するという。日本は安全で、安心で、安いのだそうである。おまけに、日本は人口が減りつつあるから就職もねらい目だそうである。

二〇二三年五月五日の東京新聞によると「中国では毎年十万人以上の青少年が自殺している、とする北京児童発展センターの『児童自殺報告』が衝撃を与えた。最多の要因はうつ病、だという」そして、「背景には幼少期から始まる受験などの競争がある」としている。それに対して「習近平政権は子どもの負担軽減を名目に、二〇二一年から塾など教育産業に厳しい規制をかけた。その結果、若者の雇用の受け皿だった教育産業が縮小し、若者の失業率が急増した」と書かれていた。

中国には秀才が日本の何倍もいる。だが、ノーベル科学賞をもらった人はマラリアの薬の発見者一名のみである。

「教える」が熱心になればなるほど、「教える」→「教え込む」→「詰め込む」になっていき、受験戦争が苛烈になり、ノーベル賞の受賞者が少なくなっていく。いままでは、日本も中国も韓国もそういう状態だったのではないだろうか。

そういう事情からか現代になってもなお、小、中、高の授業においても、「教える授業」が圧倒的に多い。口先で「教育とは、可能性を引き出すことだ」という人もいないわけではないが、そのようなことを言う人でも、授業を見て「教えている授業」か「能力を引き出している授業」なのかを見分けられる人はほとんどいない。最も困るのは「一生懸命教えていれば、可能性も引き出される」と言ったりそう信じている人だ。教師でさえそうなのだから、一般の父母たちが解らないのも無理はないのだが、マスコミが無知である弊害はとても大きい。だから日本の「教育」は「能力や可能性を引き出すのではない」間違った方向へ進んできてしまったのである。

ノーベル賞をもらった人たちは、先生や先輩から「こうすればよい、こうすればノーベル賞をとれる」と教わったから、そうできたのか。

野球の大谷翔平は、コーチからホームランや三振のとり方を教わったから、沢山ホームランを打ち、優れたピッチャーになったのか。

オリンピックでマラソンを走った高橋尚子は「こういうふうに走りなさい」と教えてもらってその通り走ったから金メダルを取ることができたのか。

そうではない、教えてもらったから、そういう結果を出せたのではなく、もって生まれた自分の能力や可能性が引き出されたから、そういうことができたのだ。

エデュケーションの内容を「教育」という言葉に求めることはできない。「教育」という言葉をほかの言葉に変えない限り、どうすることもできない。そうは言ってみたけれども、明治の初めにも探し出せなかったし、福沢諭吉でさえできなかったのだから、現代になって新しい言葉探しはなお難しいのだ。

そこで、「教育」という言葉の中に「教」という字が入っているので、たいへん無理な注文であるが、「教育は教えることではない」「教育とは能力や可能性を引き出すこと」なのだ、と心に決めてもらうしかない。そして、日々の授業実践において、能力や可能性を引き出した結果を、目に見えるような形で示していくしかないと思う。

だが、もう一つ理屈がある。

毎日の授業の中では、教える場面だってあるではないか。だから『教育』と言う言葉を使ってもよいだろうという人もいるのではないだろうか。

たとえば、小学校ではひらがなの読み方、書き方。カタカナもそうだし、漢字も教えなければならない。数字も教えなければならないし、足し算や引き算も教えなければならないではないかと考えるのではないだろうか。

確かに授業の中にそういう時間、そういう場面はあるのだが、それらは能力や可能性を引き出す「エデュケーション」の目的ではないのだ。それらは能力や可能性を引き出す授業のために必要な「手段」や「道具」なのである。算数や理科や社会科やその他のものも教科書は日本語で書かれている。だから、ひらがなやカタカナや漢字を読んだり書いたりできるようにしておくのは目的ではなく手段・道具なのである。

それともう一つ言えるのは手段や道具というばかりでなく、ひらがなの書き方を覚えたり、足し算や引き算を覚える場面やその時間（＝そういう授業）の中でさえ、能力や可能性を引き出すことができるものなのである。

注　Education の意味や教育との違いなどについては、山下正廣氏、田中萬年氏、村上有慶氏から学ばせていただいた。インターネットの「教育」（ウィキペディア）の項も整理して再掲した。

■教える授業と引き出す授業

法隆寺の薬師寺金堂を建て替えるとき、奈良の西岡常一という宮大工に白羽の矢が立ったという。六十一歳、昭和四十年の話である。

彼は日本中から若い大工を集め、三十人を採用した。集まった大工は五十人だったが、初めにしたのは「道具試験」だったそうだ。どんなカンナやノミを使っているかを見て採用を決めたらしい。

その中の一人、建部という若者は父親の跡を継いで大工になったが、どうしても西岡について薬師寺を建てたかったので父親を振り切って出てきたそうである。

そのほかに、「西岡という大工が、ドレほどのもんか見てやろうと思って来た」という玉村信好という大工もいた。

彼はいつでも逃げ出せるように、荷物をまとめて置いてあったそうだ。

樹齢千年の、なん百万円もする檜の柱を切るときには、胸がドキドキして切れなかったという若者たちであった。

昭和四十八年のある日のこと、反り返った寺の屋根の軒の隅木を作れと、建部が指名された。一般の住宅とは違い長さ九メートル重さ六〇〇キロ。初めての大仕事に手を出せずに困っていると「責任は俺がとるからやってみろ」と西岡に言われたという。

それが、半分ぐらいできたあたりで、また西岡がやって来て、「設計図より五センチ高く作れ」と言ったという。ミリ単位の仕事をしているのに、五センチ高く作り直すのは大変なことである。回りの柱や材木にもきっちり合わせなければならないからである。

一緒に仕事をしていた皆が困っていると、玉村が独り黙ってのみを使い始めた。それで回りの若い大工たちも手を動かし始めたという。

ようやくその仕事が終わってから建部が西岡棟梁に、

「どうして設計図より五センチ高くしたのですか」

と尋ねたら

「歳月がたつと屋根の重さで反りが少しずつ無くなっていく。今から千年経つと設計図通りになる」

と言われたという。

こうして、昭和五十年、薬師寺金堂が完成した時には、若い大工たちはみな一流の宮大工に育ったのであった。

私はNHKの「プロジェクトX」という番組でこの話を見ていて、若い大工たちは十年の間、西岡棟梁からカンナやノミの研ぎ方や使い方を身につけさせられ、成長し、彼らの能力や持って生まれた可能性が引き出されたのだなあ、と思って感動したのである。

なおその上、西岡常一棟梁の一番弟子といわれた小川三夫氏の話が興味深かった。それは、「私は長い間棟梁の下で働いていましたが、直接教えてもらったのは、角材にカンナをかけるのを一度見せてもらったことがありましたが、その一度だけです」という言葉であった。

彼は教えなかったのだ。昔ながらの徒弟制度で「見て、盗んで覚えよ」だったのである。自分で業を盗んで、工夫して腕を上げた者を重用したのである。

次のような例もある。

先生の胸の内

頑張り屋の美代子も、繰り下がりの計算では、だいぶ苦労している。「12引く9」の問題で止まったまま、ずっとうなだれている。後ろからのぞくとノートにしずくが落ちた。涙だ。書いたり消したりを何度も繰り返したらしいそのページは破れかけていた。「美代ちゃんならできるよ。」

思わず肩を抱いた。ゆっくりゆっくり説明する。涙をぬぐってうなずく横顔がいじらしい。繰り上がり繰り下がりの計算は一年生が最も苦労をするところだ。美代子のような子は珍しくない。

数の世界が、ここでぐんと抽象的になるためだ。同時に十進法の基礎にもなり重要だからこそ、教師が特にていねいに教えたいところである。何時間かければみんなわかるのか、私は不安になる。（以下略）

一九九四年十月三日（朝日新聞）

私が思うに、この先生は人間的には優しい先生のようである。新聞社としても客観的な判断で模範的な良い先生だと思っているのだろう。

だが、ここでもうひとつ言っておきたいことがある。教師ばかりでなく日本人のだれもが心しなければならないのは、「優しくて、人柄のいい人」イコール「よい先生」ではないということだ。私たちの周りには「いい人」はたくさんいるが「優れた良い先生」は残念ながらあまり多くはいないものである。

この先生は「ていねいに教えたい」と思っているようだが、私から見れば子どもをいじめているとしか思えない。子どもの能力や可能性を引き出そうとは少しも考えてもいないのだ。教えよう、教えようと一生懸命なのである。しかし、この先生とは違う授業だってある。

$$\begin{array}{r} 12 \\ -\ \ 9 \\ \hline \end{array}$$

私が一年生を担任した時、黒板に上のように書いて、「困ったなあ、2から9は引けないしなあ。どうしたらいいかなあ…」と大きい声で独りごとを言った。そうしたら子どもたちは五通りの方法を考えてくれたのだった。これを読んでいるみなさんは何通り考えられますか。おそらく「隣から10借りてきて…」というやり方しか考えられないのではないだろうか。

大人は子どもより賢いとは決してして言えないものである。

また、「子どもたちはこう考えたのです」と種明かしをすると「なあんだ」と言うのも、大人のずるいところである。

子どもたちの考え、

①　おはじき使えばできるよ
②　校庭から石ひろって来ればいいじゃん
③　隣の人と組んで、指を使えばできるよ
④　隣から10借りてきて…　（家で教わってきた子）
⑤　2から9引けないでしょう。そしたら、9から2引くの。すると、7でしょう。10から7引けばいい

皆さんは⑤の「2から9引けない時は、9から2を引く」という方法を考えついただろうか。これは、数学的にも正しい考えである。

一年生の子たちはどのやり方もすぐ覚えてしまう（ほんとうのことです）。「じゃあ、黒板に問題を書くから好きなやり方でやってごらん」と言うと、子どもたちは嬉々として取り組んだ。泣く子なんか一人もいない。そのうちに十の位の数が大きくなると一つの仕方に収れんされていくのである。その過程で、なぜこちらの方が便利かということも学ぶことができるのである。

この方法をとった私の目的は、論理的な考え方とか、数学的な思考などという、持って生まれた可能性を少しでも引き出してあげようとしたのである。また、考えることが好きな子にしたい

ということもある。だから、「隣から10借りてきて…」という中学生にでも教えられるようなことを、先生がしているとしたら、それはプロの教師のする「授業」ではないと思っている。

大工さんが角材の表面を滑らかにする目的で、カンナをかける（話がすぐ飛ぶのが私の特徴）。そうすると、「結果として」カンナ屑ができる。前述の、

① 論理的な考えを育てる
② 数学的な思考を育てる
③ 考えることが好きな子にする

というのはきれいになった柱の方であり、答えの出し方が分かったというのは「目的達成の副産物」としてできたカンナ屑だということだ。

「答えの出し方を教える」というのはカンナ屑の方を目的にしている。「教える」のは簡単だが、「授業」は難しいものである。

前述の「教えるというのは手段だが、教えるという授業の中にも可能性や能力を引き出す授業がある」ということが、西岡常一氏のことも含めて、お解りいただけただろうか。

漢字書き取り（漢字を覚えること）も、小学校では大事な「教える」ことの中に含まれるが、これも同じことが言える。これは項を別に設けて述べる。

教育というとすぐ教えたがるけれど「教える」のはエデュケーションではないというのを実証

しようとする中で、ぜひ理解してもらいたいことがある。それは、国語、算数（数学）理科、社会、音楽、図工、体育、家庭科の目指すものはなにか（エデュケートはなにか、どんな目的で、このような教科を学ぶのか）という問題である。こういう八教科を学ぶのは、将来、社会へ出たときに必要だからではない。その証拠に鶴亀算だの一次関数だのを皆さんは普段の生活の中で使ったことがあるだろうか。跳び箱がとべなくたって、立派な会社員や主婦を務めているではないか。

これらの教科はすべて子どもの可能性を引き出す目的で存在している。たとえば、音楽の教科がなかったら音楽的可能性をどの教科で引き出すのか。算数、数学科がなかったら、他のどの教科で数学的な可能性を引き出すのか。それは不可能である。だから八教科があるのだ。

話は変わるが、小学生にとっては特に国語科を大事にしなければならないと私は思っている。文章の読み取りが不得意な子は算数の文章題が苦手である。社会科や理科も、教科書の読み取りが大事だからである。

子どもは（人間は）、個性を持って生まれてくる。さまざまな可能性を持ってこの世に誕生してくる。学校ではそういう子をいろいろな面から、さまざまな方法でその能力や可能性を探り、引き出してあげようとしている。それが、これらのいろいろな教科である。だから教科は少ないよりは多い方がよい。

これらの教科の授業が充実していれば、子どもたちは「勉強大好き」になるのである。私の体験では、そういうクラスや学校にはいじめはない。いじめを学校からなくするには、小学校でも中学校でも、遠回りなようだが授業を大事にすることだ。それがいちばんの近道である。

以前、参観した広島県の中学校や北海道の高等学校では、目を見張るようなそういう授業実践が行なわれていた。その中学校や高校では、教科や学年の垣根を取り払って、すべての先生たちが互いに授業を見せ合い、意見を出し合っていた。

小学校ばかりでなく、中学でも高校でもやればできるのである。

英語の先生だから数学は解らないとか、数学の先生だから音楽の授業は解らないなどと言ってはならない。自分だって中学時代や高校時代があったではないか。違う教科の授業の良し悪しが解らないはずはないのである。

だが、小学校では担任がそういう実践をすれば「いじめも登校拒否もないクラス」ができるが、中学や高校では一人の先生がいくら頑張っても、そういうクラスやそういう学校ができない。教科担任制だから、学校全体で取り組まなければできないのだ。

ではいったい、どんな授業をすればいいのか、ということになるが、それを述べる前に言いたいことがいくつかある。

子どもの環境

■先生のいじめ

まず先生自身が子どもをいじめないことである。

こう言うと、私はいじめていないと言うと思うが、私は大抵の先生は、子どもをいじめ、そのうえ、差別をしていると思う。

前述の、大新聞で繰り下がりのある引き算を教えていた先生も子どもをいじめていたが、たとえば、教科書や物語のある部分を読んだ後で「今のところのあら筋を言いなさい」とか「感想を言いなさい」と複数の子に言わせて、それが比較されるような形になるときは気を付けた方がいい。だれかが傷つく場合があるからだ。

年齢が高くなるほどその衝撃は大きく、大人ならたぶん耐えきれない思いをするだろう。

二人に言わせたり、何かをさせたりして一方に恥をかかせるような場面はどんな授業にもあるものだが、特に音楽や体育や中学の部活動の場合には気を付けなければならない。

中には「こういうふうにしてはいけないよ」という見本に、できない子や下手な子を大勢の前に引き出す先生もいる。

音楽の時間にみんなの中から、一人ずつ呼んでピアノの前で歌わせ、評価などをする先生は一般的であり、それが普通ではないだろうか。でも、そんなことをされたら誰だって恥ずかしいし、小さい声でしか歌わない。そのせいで音程だって外れるものなのだ。

六年生のあるクラスに、人並み外れて鉄棒の苦手な女の子がいた。クラスのみんなに逆上がりをさせたところ、その子は鉄棒の前で、しくしく泣きだしてしまった。

優しい先生はその子を励ましながら、逆上がりができるようにしようと骨を折った。みなと同じことをしてあげていたのだから、先生は自分のしていたことに対して罪悪感など少しも持たなかっただろうが、この子はきっと、大変な苦痛を感じていたに違いないのだ。きっと「私は鉄棒が苦手だ。いやだ」と思い「体育のある日は学校へ行きたくない」と思っていただろう。

学校ぎらいは登校拒否につながるものだが、その原因を先生が作っている場合がとても多い。

もしこのクラスの先生がもっと優れた教師だったなら、この子の様子から心の中を見抜いて、違う指導をしただろう。

「もっと優れた教師なら」と言ったが、ほんとうは教師ならそのぐらいは誰でもできなければならない。そうでなければプロとは言えない。

この例のような場合、この子も、お母さんも、先生も、教育評論家のような人も、「鉄棒の苦手な子なんだな」とは思うだろうが、「先生のいじめ」だとは思わないだろう。

だがこれも立派な教師のいじめである。

■先生の差別

次に教師による差別のことであるが、これも、先生たちの大部分は、私はしていないと答えるだろう。そのことを見ても、自分がされる側に立つとすぐわかるのだが、する側に立つと気づかないものなのだ。細かく探すとあちこちにあるのだが、普遍的になされていることを取り上げてみよう。

どこの学校でも、午前十時過ぎごろに十時休みとか二十分休みという、少し長い休み時間があると思う。子どもたちは病気でもない限り外に出て遊ぶしきたりになっているし、先生たちは大抵職員室へ来てお茶やコーヒーを飲んだり、スナック菓子を食べたりしている。二時間授業をすれば、くたびれるし、のども乾くだろう。だが子どもたちはどうなのだ、と私は言いたいのだ。

伸び盛りの小・中学生は先生以上にのども乾くし、おなかもすく。胃の小さい子どもにこそ、おやつが必要なのは医学的にも明らかだ。

子どもは、どんな寒い日でも冷たい水しか飲めないのだ。先生たちがどんな理屈を並べたって、子どもの側から見れば、これはまぎれもない差別である。できるかできないかは別にしても「なんとか子どもたちに、冬はお湯かお茶を、夏は冷たい水を飲ませることはできないか、おやつを食べさせることはできないか」について、考えてもらいたい。飲み物の方は最近水筒を持参することで、日本中の学校で可能になってきているように見えるが、おやつの方はまだのようだ。

これもできるはずである。

五十年も前に、ニュージーランドの小学校を訪問した時、当地の小学校では子どもたちが「二十分休み」に、クッキーを二、三枚食べたり、リンゴを丸かじりしたりしていた。そして、先生たちもお茶を飲んだり、なんか食べたりしていた。

この日は特別だったのかもしれないが、先生たちのお茶や食べ物についてはPTAのお母さんたちが世話を焼いていた（PTAについては改めて論じたい）。

■教師のモラル

先生にお中元やお歳暮を贈る親がいる。一学期間子どもが世話になったからとか、ほかの人も大抵しているからうちも、という人もいるようだ。労をねぎらうとか、思わぬ世話になった場合の感謝の贈り物にはそれなりの意義はあるが、学校の先生はちゃんとそのための給料をもらっているのだから、盆暮れの付け届けは不必要なものである。

人から物をもらうときは「ありがとうございます」と頭を下げて受け取るのだから、あげた方がどうしても心理的に優位に立つ。だから、無意識に心の中で「うちの子に特別目をかけてください」という気持ちがないとは言えないだろうし、周りがしているからうちでもするという場合には「うちの子が不公平な扱いを受けてみじめな思いをしないように」ということもあるだろう。つまり、差別をされないための予防策だ。

もらう方の先生にもいろいろなタイプがある。中には職員室で、「あの親はこんなのしかくれないのよ」と同僚に話している先生もいた。

教師は自分と親、自分と子ども、子ども同士を、いつも平等な位置に置いておかなければならない職業なのだから「差別につながるようなものは受け取らない」と自分の態度を決めておくのは、いじめのないクラスを作るための最も基本的な教師のモラルだと思う。

それに比べて子どもからの贈り物は大人と違って打算がなく、純粋な心がこもっているものである。こんな話を聞いたことがあった。

子どもたちから敬愛されている一人の校長先生が道を歩いていたら、新聞を配達していた一人の少年がそばへ寄ってきて、いきなり「はい、これ」と新聞を手渡して駆け出して行ったという。「あの子は口下手な子で、うまくいろいろなことが言えないから、ああいう行為に出たんだろうなあ」とその校長先生が話していた。

一年生が、折り紙で鶴だか花だか分からないようなものを家で作ってきて、朝、私にくれることもある。一折一折に子どもの手のぬくもりが感じられて、手に取って見ていると、こちらの心まで優しくなっていくのが、自分にもわかる。

■先生は毎日忙しい

学校の先生はどこの学校でも、毎日がとても忙しい。だれでもきっと先生の口から「忙しくて…」という言葉を聞いたことがあると思う。

先生が早く帰宅することはあっても、大抵は仕事を持ち帰るものである。作文を読んだり、子どものノートを見たり、テストを作ったり、テストのマルつけをしたりは、学校では絶対にできないからである。学校でやったら、夜の八時、九時までかかる。昔は（昭和三十年代ごろまで）そういう学校を「提灯学校」と呼んだものだった。

家庭を持つお母さん先生は見ていても気の毒であった。

そういう状態だった学校が、女性の先生が増えるにしたがって、仕事を家に持ち帰るようになっていったのである。

私が教員になったばかりのころ、六年生担任のベテランの女の先生が、大きい風呂敷包みを抱えて「これ家へ持ち帰って、採点しなくちゃ」と言っている場面に遭遇した。大変だなあと思った。風呂敷包みの中には家庭科の時間の並縫いや本返しや半返しなどの、子どもの縫物がいっぱい入っているのである。

どういうわけか、私はこの場面を今でもよく覚えている。そのころから、家庭科について「小学校で裁縫教えるのか…」と不思議さを感じていた。

私が小学生の頃には、小学校の上に「高等科」というのがあって、その高等科で裁縫を教えていたのだ。そのころは「家庭科」ではなく「裁縫科」だったと記憶している。だから小学校で裁縫を教えていることに、漠然と違和感を持ったのである。

それから何年か後、家庭科を受け持つようになって「家へ持ち帰って、採点しなくちゃ」の立場に自分がなったのだ。

通常は、男の先生は女の先生に代わってもらうのだが、私は「自分でやります」と言ったのである。もちろん裁縫なんか教えられないし、教えるつもりもなかった。そのときはやっぱり「家庭科を追求してみたい」という気持ちがそうさせたのではなかったかと思う。

今考えてもはっきりと思い出せない。ずいぶん無責任な引き受け方だったと思う。

周りの先生たちは「できもしないのに、生意気な若造だ」と思っただろうと想像する。

並縫いなどは目をそろえてまっすぐ縫うことはできなかったけれど、本返しや半返しは理論上はできたし、教えることもできたのである。

先輩女性教諭の「採点しなくちゃ」に、誰もがなんの違和感も持たなかったあの時代から、五十年も経った今でも相変わらず、裁縫を教えて、上手下手で成績を（評定を）つけているだろうか。でも考えてみると、通信簿（通知表）の評定は上手下手で採点するのが一番簡単なのだ。そこから抜け出すのはよほどの覚悟がいる。私はどうしていたかは言いたくない（…まあ、みんな平等にいい成績をつけていた…）。家庭科については、後でもう一度論じたい。

ここで元に戻って先生の残業の話を続ける。

仕事を持ち帰るといっても、できるものとできないものがある。テストを作るのは、持ち帰るものは少ないが、ノートを見るとか、家庭科の子どもの作品を見るなどはできないのだ。学期末の通信簿（通知表）を書くなどは家ではできないことが多いのだ。先生の残業はどうしても削れないものである。

それでも先生たちが頑張ってきたのは、「教職員給与特別措置法」というのがあって、少しばかり余分にもらっているからだし、以前は夏休みや冬休みには、子どもと同じように長期の休みがとれたからでもある。ところが近年は、研修などの名目で学校へ出勤しなければならなくなり、長期休業がほとんどなくなってしまった。

最近、先生のなり手がなくて困ったという事が社会現象になっているが、教員の給与も含めさまざまな角度からもう一度考えないと、このことは回復しないし、先生たちの残業問題も解決しないと思うのである。学校は授業をし、勉強するところであるのに、それ以外のことがあり過ぎるということも、その原因になっている。だから先生は忙しいのである。

同じような仕事をしているところに塾がある。

保護者から見ると、塾は学童保育代わりになっているし、勉強も教えてくれて、学校の成績にもいい影響があるし、いいことずくめのように見える仕組みになっている。われわれ教師はそれをあまり快く思わない人と、あまり問題視しない人と、私のように、それを認めて、クラス全体の役に立てようとするずるい考えの人がいる。

…ここでちょっと寄り道をする。

塾経営のコツの一つは、学校より少し前に教えておくことが大切なのである。たとえば、分数の足し算を学校で勉強するとすれば、その一週間前に終わっておく必要があるということだ。そうすれば、学校で分数の足し算の勉強に入ると、みんな塾で教わっているから、約分でも通分でも、よく知っている。私はそれをいいことに、塾ではここをどう教わった？　などと言いながら塾に行っていない子どもへ塾のことを皆披露させるのだ。だが、塾へ行っていない子たちはそれを見ていて「あいつは何と頭がいいんだ」と尊敬のまなざしでその子たちを見ることもある。塾へ行っている子たちは、五日間ぐらいは優越感に浸るわけである。だが、塾へ行っている子たちは別に頭がいいわけではない。ちょっとだけ先に覚えただけである。分数の足し算の勉強が終わるころにはみな追いつかれてしまうのである。

いつもそうしているわけではないが、私は塾へ行っている子がいても邪魔にはならなかったし、平等に扱っていて、しかもみんなで得をしていた。

塾は、学校と違って、教えることに特化しているし、学校より優れた指導をしてる場合もある。

（「理論か偏差値か」の項参照）

その上、塾と学校には決定的な違いがある。塾の先生には残業がないのだ。その理由は、塾には運動会も社会見学も遠足も修学旅行もないし、学芸会も、掃除も、給食も、ＰＴＡも、健康診断も、クラブ活動も、部活動も、予防注射もない。

小学校で行われているこれらすべてをなくしても、今の公立学校は成立するはずのものだ。これらは、明治の学校制度が始まって以来、だんだん増えていったものであろう。塾と比較するのは適当でないかもしれないが、私立と公立を比べたり、他国と比較しながらでも少し整理してゆくべきである。先生になり手がないという社会現象を解決しようとするならば小手先で制度などをいじっても解決にならない。

その実例として最近特に思うのは、新設校にはＰＴＡのない学校が増えてきた。私が最後にいた学校にもＰＴＡはなかったし、同じ市内にもＰＴＡのない学校はもう一校あったが、ＰＴＡがなくて困ったという話は聞いたことがない。

■コンクールや競技会

昔は、休み時間や放課後に先生が子どもとよく遊んだものだが、近頃の先生はあまりそういうことはしない。先生の個性にもよるが、総じて忙しいからである（休み時間に、先生が子どもと一緒に過ごすクラスには、いじめがないのは事実である）。

先生は忙しいというのは事実だが、どんなに忙しくてもしなければならないこともある。いくら忙しくても、教材研究（授業をするための事前の勉強）をしっかりしなければならないのだ。よく、時間がなくて教材解釈なんかする暇がない、という先生がいるけれど、教材解釈は自分に力がないからするもので、自分の勉強なのだ。

そういう先生に限って時間のたっぷりある長期休業には教材研究などの勉強はしないものだ。もしも「先生は授業だけしなさい。行事も部活もしなくていい」と言われて忙しくなくなったら、一生懸命教材研究をするだろうか。

「忙しい」という隠れ蓑がなくなって一番困るのは、そう言っている先生ではないかという気がする。また、「いい仕事というのは、忙しいときにこそ生まれるものだ」ということも知ってほしい。

ただし、「いい仕事」というのを誤解してはならない。子どもの絵や合唱をコンクールなどに出していい成績をとったり、自分の担当する部が優勝したりするようなことではない。いい授業をして子どもが「勉強大好き、先生大好き、学校大好き」になることが一番いい仕事だが、休み時間に子どもたちと過ごしたり、遊んだりすることもいい仕事である。

私が小学生のときを考えてみても、先生が教室にいてさえくれれば、いじめられずにすんだのに、と思い当たることがたびたびあったからだ。

「いい仕事」と思われていることで、親にも、校長にも、教育委員会にも考えてもらいたいことがある。それは、競技会やコンクールである。

私が若いころいた学校に、図工教育で一目置かれているベテランの教師がいた。コンクールに提出するための絵が全校から集まると、その先生はその中から数点を選び出し、「このコンクールの選者は○○さんだったなあ」と言いながら、ぬれ雑巾で子どもの絵を、ちょこちょこっと修正するのである。見ていた私はびっくりしたが、その先生の応募する絵はそれで大抵入賞するのであった。

合唱コンクールなどでも、そういう指導に長《た》けている先生を、校長も、教育委員会も、「わが市（町、村）の誇り」と思っているようだが、子どもの方は音楽が大好きになったわけでもなくコンクールが終わると、やれやれようやく終わったという気持ちになるせいか、歌から離れてしまうようであった。一般にそういう指導をする先生は子どものためではなく、自分の名声のために仕事をしているので、自分の思うようにならないと子どもにとても厳しく当たるのだ。

合唱指導ばかりでなく、中・高などの部活などでもよく聞く話である。その上そういう先生は自分の腕前を鼻にかけるので周りの職員に嫌われていたりする。もちろんそうではない先生もいるだろうし、いることを望むが、コンクールや競技会などが子どものためになっていない事が、意外に多いことを知るべきである。

小学校のクラブ活動で剣道を教えていた先生がいた。その先生はあまりにも剣道に熱心で子どもたちに道具を一式そろえるように勧めた。保護者達は子どものためだと思って高価な道具をそろえたが、一年後にその先生が他校に転勤してしまったのである。

これは悲劇である。

中学校の体育の先生の中には、授業にはちょっと顔を出すぐらいで、生徒まかせなのに、部活になると目を輝かせて取り組む、そういう評判の先生もいた。

小学校の剣道の先生も、中学校の部活に熱心な先生も若い先生ではなかった。ベテランの先生であった。二人ともそれが生きがいだったのだろう。どこかで間違ってしまったのだろうが、やるせない思いを抱く。

PTA

■ニュージーランドのPTA

文部省の要請で、東南アジアからオセアニアへ研修に行ったことがある（今はこういう制度がなくなってしまった。残念である）。その時の話である。

ニュージーランドのニュープリマスという都市の近くにプケプラパークという公園があった。小さな湖やあずまやがあり、湖に面した一隅には、静かで小さなレストランがあり、橋を渡ると、高さが二十メートルぐらいの滝があった。滝は数段の棚状の岩を段々に流れ落ちていた。相当な水量なので公園ではその音しか聞こえないほどである。レストランにはめったに客は来ないらしく、二十三人分の昼食を申し込んだら、準備するまで二十分ほど待つように言われた。

滝の近くまでぶらぶら行くと、二十人ぐらいの小学生らしい団体がいた。相手が子どもであり、なんとなく人懐っこそうなので、話しかけたりした。彼らはニュープリマスの近くの町の小学生で、社会見学に来ていたのだった。五十代の男性一人と女性三人が付き添っていた。

小学生たちに、

「あの人は、君たちの先生かい」

と尋ねると、女性の一人は担任の先生で、あとの二人は母親で、男性は校長先生だということだった。そのうち、校長先生も近づいてきたので、いろいろ話したのだが、話しているうちにどうも腑に落ちないことが出てきたのである。それは、担任以外の二人の女性についてである。校長先生は「彼女たちは母親だ」と言い「ボランティアだ」とも言い、そしてまた、「PTAの人だ」とも言うのだ。日本でも「PTAの人」と「母親」は同じだが、私たちの感覚では遠足の付き添いに、母親が、ある事情があってついてくることはあっても、PTAとしては付き添ってくるのは考えられないのである。

そのことがはっきりしないうちに彼らは、「バイバイ」と手を振って引き上げて行った。一行がいなくなったとたん、滝の水がぴたりと止まってしまった。

「なんだ、人工滝だったのか。道理でうまいこと段々がついていると思ったよ！」

そう言いながらレストランに入って絵葉書を見ると、夜になるとその段々の下に赤い電気がつくようになっているのであった。

■英語圏のPTA

ニュープリマスで二つの学校訪問をした折に、PTAのことをいろいろ聞いて「母親としての付き添い」と「ボランティアとしての付き添い」「PTAとしての付き添い」がようやく理解できたのである。それは、こういうことであった。

ニュージーランドでは、子どもから手の離れた母親のうちで、仕事を持っていない人のほとんどは何らかのボランティア活動をしているのだそうだ。

ある人は病院へ、ある人は老人ホームへ、ある人は盲人のための点字奉仕へなど、たくさんの活動先があるという。その中の一つに「学校ボランティア」があって、そこを選んだ人がその学校のＰＴＡ会員になるというわけである。

会員のメンバーも、人数も毎年違うのはとうぜんのことである。日本のように一年間に一度も顔を出さない会員はいないわけだし、役員を決めるのに駆け引きをすることもないのである。

学校ボランティアの人たち（ＰＴＡの人たち）は十時のティータイムには先生たちと一緒にケーキやサンドイッチを作ったりしていた。また、クラスへ入って生徒たちと一緒になって感謝祭のためのお面作りをしている人もいた。それと同様に、遠足の付き添いもあるのだ。

ＰＴＡの人たちはいつも学校に来ているわけではなく、週に一回とか二回とか自分の都合によって自由なようであった。

日本に帰ってからそのことをお母さんたちに話すと、

「暇は確かにあるのだけれど、もしボランティアを引き受けて、ちょうどその日都合が悪くなったらどうするんですか。約束を破ったことになってしまいます」

「あてにされると、休むわけにもいかないし、縛られるのも嫌ですし…」

と言われた。やっぱり、日本人の生活ぶりや、律儀な性分が出るものだなあと思った。

■日本のＰＴＡと子どものしつけ

日本にＰＴＡが到来したのは「父母と教師の会」として、戦後アメリカを手本にしてできたものであろう。それ以来、我が国のＰＴＡはアメリカやその他の英語圏の国々と中身がどんどん変わってしまって、日本独特の形だけが残っているように思われる。

ＰＴＡの行事に先生はほとんど出席しないし、Ｐというのは両親のことだがママしか出席しない。だんだん働くお母さんが増えてきたので、出席するお母さんも少なくなって来た。そうはいってもまだＰＴＡのある学校はたくさんあると思う。

大抵の親は会費を払うだけでこれといった仕事もないし、わずらわしさもないが、役員になると話は別である。だから、どこの学校でも役員を決めるのは大仕事である。たいていの親は役員を決めるときは出席しないし、出席しても何と言って断るかが腕の見せ所である。そして結局は、ほかの人より忙しくて気の弱い人が役員になっていたような気がする。

そういう様子を見ていて、担任教師として困ったなあと感じることがあった。それは、一生懸命断った人と、欠席した人についてである。それらの人は家で、「今日は役員を決める日だから学校へ行かないわ」と言わなかっただろうか。「うまく役員を逃れられてよかった！」と言わなかっただろうか。

子どもには、何事にも積極的で、一生懸命取り組む人になってほしいと願っていながら、親がその反対の見本を見せているのである。

かりに子どもの前でそう言わなかったとしても、日々の暮らしの中の、ちょっとしたことに、そういう考え方や行為がにじみ出るものである。

「子どもは親の背中を見て育つ」というのはそういうことをいうのである。

もしそういうとき、「お母さんも六年間に一度ぐらいは、皆さんのためのお役に立たなくちゃね」とか、「お母さんも一年間、頑張ってみるわ」と言ったら子どもにとってどんなにいい事であろうか、と思うのである。

私は長い間教師をしてきて、「親の生き方が子どものしつけ」だと思うようになった。

子どもの幸福は、読みたい本と、尊敬できる親を持つことである。

そういう子はいじめなんかしない。

いじめ

■文部省のいじめ対策

文部省が「いじめ対策緊急会議報告」というのを出したが、その中に次のような文章があった。「いじめであるか否かの判断は、あくまでもいじめられている子どもの認識の問題であるということを銘記すること」。

この報告に対して、ある大学の先生が次のように言っていた。

「被害者に苦痛の認識があるかどうかがいじめの有無の判断になるということであり、文部省はいじめられている子どもの立場に立った指導を求めている」。

私は、この大学の先生の言っていることは、言葉の上では正しくても「子どもの立場に立った」ものとは思えない。

ある一人の中学生がいつもプロレスごっこでいじめられ役になっていて、その上、みんなの使い走り役もさせられていた。だが、学校でのいじめのアンケートには、いじめられているとは書かなかった。正直に書いて自分の本心が先生に知られると、そのことからみんなにも知られて、もっといじめられると思ったのだ。

この子はずっとそういう状態が続いていたのでどんなに苦しかったのだろうか。しばらくしてこの子は自殺したのである。

このように、「認識」があっても、表に出ない場合のことを、この大学の先生は考えていない。表面に出ているものだけでいじめの有無を判断してしまうのは危険である。「子どもの立場に立つ」、というのは、誰にも救いを求めることができずに、一人で苦しんでいる子どもの心の中を察して、何らかの手を打ってあげることである。それは、教師がどこまで子どもの心を見通す目を持っているかということにかかっている。

一ダースの子どもを持った母親が、子どもの表情から一人ひとりの心をつかんでいたという話を聞いたことがある。二人か三人の子どもを持つ現代のお母さん（お父さん）のほうが、一ダースの子どもを持ったお母さんより子どもの心が見えていると言えるのだろうか。これは、子どもの数ではなく母親個人の資質の問題である。

学校の先生だって同じだと思う。

■学校のあり方

「いじめのないクラスや学校を作るには授業を大切にしなければならない。だがその前に言いたいことがある」と言って、学校や教師の常識もしくは姿勢について書いてきたが、ずいぶん長くなってしまった。

いじめのないクラスや学校を作るには、「こうすればよい」という特効薬のような方法や手段がないのだから、先生個人や学校全体が、普段している、基本的なこと（差別やいじめなどを、具体的に探し出して、反省すること）が第一歩である。

学校からいじめをなくする具体的な対策は、新聞でもテレビでも、識者の提言でもあまり聞くことはない。みな対症療法とスローガンばかりである。

文部省や教育委員会やマスコミが、「生命と人権の尊重」や「望ましい人間関係の確立」や「学校と家庭と地域社会の連携」などというスローガンを掲げても、いじめはなくならない。大学の先生や教育評論家が、「いじめの分析」をしても「いじめの定義づけ」をしてもなくならない。とうとう文部省が全国の教育長を集めて「いじめられても自殺をしないような指導の徹底をするように」というところまで来てしまった。

それにしても、文部省はどうして「学校からいじめをなくしなさい」と単刀直入に言わなかったのか不思議である。

日本中各地でいじめ一一〇番や相談窓口を作って、いまや、「いじめられたら学校へ行かなくてもいい」という声を聞くようになった。また、いじめられて自殺した学校の校長や担任は「気がつかなかった」というのがよく新聞に出るが、そういう教師は失格だと私は思っている。子どもと毎日顔を合わせているにもかかわらず、「あ、この子、なにかあったな」と気づかないようでは教師としての資格はない。プロとは言えないと思う。

「教師は神経質であってはならないが、細心でなければならない」のである。

教育評論家や大学の先生の中には、いじめの八十％から九十％は家庭に問題があると言っているが、私は自分の経験上、違うと思う。責任の大部分は学校にあると思っている。学校で起こったことを家庭のせいにしたり、社会のせいにしたりしてはいけない。

私は自分の実践体験から「いじめのない学級やいじめのない学校」を作ることができるし、作らなければならないと思っている。

いじめは、複数の人間が集まると必ずあるものだから、縄文の昔からあっただろう。何人かで獲物を追いかけても捕らえられなかった時、相棒を責めたこともあったはずだ。学校ばかりでなく会社にも、家庭の嫁と姑の間にも、夫婦の間にも、どこにでもあるものだから、学校からもなくすることはできないと、文部省ですら思っているのだろうか。

いじめの原因の一つは、
相手が自分の思うように動かなかったり、言わなかったときに起こる。対等な場合にはケンカになるが一方が年下だったり、気が弱かったりすると、そこにいじめが発生する。

二つ目は、
自分の隠れた能力や可能性を引き出してもらえない時、弱い者いじめをして、うっ積した気持ちを晴らそうとして起こる。

原因の三つめは、
親に自分の生活を厳しく管理されていたり、親の（たいていは母親の）愛情が十分注がれない状態の時のうっぷん晴らし。この場合は家庭が原因である。

私が小学校の時には、そういう子が何人かいた。クラスのほとんどが農家で、親が子どもに手をかける時間は最小限しかなかったのである。その子たちは学校へ来るとサラリーマンの家庭の数人の子をいじめるのだった。

妬ましさがあったのであろう。それで、うっぷん晴らしをしたのである。

原因の元になるのは家庭にあったとしても、休み時間に先生が職員室へ行かずに、教室にいてくれれば彼らのいじめは防げたのに、と思うのは、そういうときの事である。

学校からいじめをなくするには、子ども一人ひとりの能力や可能性を伸ばしてあげて、本人すら意識しないような、わずかな不満をもためないようにしなければならないし、友達・級友の存在の大切さを理解させ、認識させなければならないのだが、お説教をしたり、テレビを見せても「指導した」とはいえないのだ。口で言っても効果はないものだ。「指導した」というのは、期待する結果が出たときにのみ遣える言葉である。これらのことは体験させることでしか理解・認識させられないものである。そしてまた、家庭ではできないことでもある。

では、学校でいつ、なんの時間に体験させればいいのか。「友達・級友の存在の大切さを理解させ、認識させる時間」などという教科や、そういう特別な時間はない。それなら、休み時間や、掃除の時間や、給食の時間にするのか？　学級会やホームルームの時間にするのか？　前にも言ったが、子どもたちが学校で一番長く過ごす「授業時間」でこそ体験・理解・認識させなければならない。

文部省がいじめの調査をしたときに、対象となるいじめを次のようにとらえていた。

「自分より弱いものに対して一方的に、身体的・心理的攻撃を継続的に加え、相手が深刻な苦痛を感じているもの」、そして「学校としてその事実を確認しているもの。起こった場所は学校の内外を問わないものとする」であった。

「自分より弱いものに対して」は当然であるし、調査であるから「学校としてその事実を確認しているもの」というのも当然である。

私が疑問に思うのは、「身体的・心理的な攻撃を継続的に加え」というところである。継続的というのは一度や二度ではないことであり、間をあまり空けないことを意味する。これは調査のための定義だからこうなるだろうと思うが、これが「いじめの定義」として独り歩きしては困ると思うのだ。

先生の行為やひと言が、終生忘れられずに心に残ることもあるし、上級生や級友に一、二度いじめられたことが、悔しい思い出に残ることもあるのだ。その上、いじめというのは、単に心に残ったり思い出になるだけでなく、本人が気づかぬうちに、その人の性格にまで影響を与えることすらあるのだ。大人になってからも大勢の前で、はっきり自分の意見を言えなかったり、結果を人からとやかく言われることを恐れるあまり、何事にも積極的に取り組めず、卑屈な性格とか暗い性格になってしまうことだってあり得る。

先日、テレビで一人の有名なタレントもそういう風に感じられた。そのタレントが少年時代の学校と先生のことを口汚くののしっていた。そのタレントは一度もいい先生に巡り合うことがなく、不幸な学校生活を送ってきたのだろうと思った。先生の悪口を言われたので、あまりいい気持ちはしなかったが、そのタレントがかわいそうだとも思ったのである。

話を前に戻すが、私はいじめを「心や体に痛みを受けること」と単純にとらえている。

■新聞のウソ

ある新聞に、「まとまりのないクラスでいじめが起こっても、被害者の子に平気で口をきく子もいるし、無関心な子もいて、いじめは長続きはせずいつの間にか消滅する。反対にまとまりのあるクラスでは、みんなでその子をいじめたり、無視したりするものである」という、独創的で、一見説得力のあるような記事が出ていた。

一流の全国紙でありながら、この新聞は、教育に関しては時々こういう「考えが浅い」というよりはウソを書くのである。書いているのは教師か元教師なのかもしれないが、影響力のある新聞だけにまことに困る。一読してどこがおかしいか解ると思う。もしこれを家庭に当てはめて見ると、まとまりのある家庭を作ってはならないと言っているのである。

一人の子を全員が無視したり、いじめたりするようなクラスを「まとまりのあるクラス」などというわけがないではないか。

ある学校の卒業式で、六年生が男女に分かれて二部合唱をすることになっていたが、女の子たちがみんな泣いてしまって、歌うことができなかった。それを見た男の子たちが、とっさに女子の部も歌い、立派な二部合唱をしたという。

こういうクラス（学校）がまとまりのあるクラスというのである。

「みんなが寄り集まって一人の子をいじめるようなクラスが、まとまりのあるクラスだ」という間違った認識を、その全国紙の読者に与えたと思うと、残念でならない。大勢の読者が読み落としてくれればいいと願うのみである。近年、マスコミが教育に強い影響を持つようになって、教育というものに虚像を作ってしまったのではないかと思われてならない。

ある学校の卒業式の例を引いたが、一般の人たちにこれがどんなにすばらしく、奇跡的なことであるかが解らないのではないかと心配である。「卒業式の最中に・何の連絡も取り合わずに・素知らぬ顔をして・とっさに・男の子たちが・女子の声部も歌い・女の子たちを・助けた」というのは大変難しい事なのだ。分かっていただけるだろうか。こういう学校にはいじめなどあるわけがないのだ。この学校は小説やドラマに出てくる学校ではなく、日本に実在する普通の公立の小学校である。だから私は心強い。やればできると思うからだ。

■理論か偏差値か

まとまりのあるクラスとか、助け合うクラスとか、自由にものが言えるクラスなどは、小学校ばかりではない。中学校でも、高等学校でも同じだと思う。

現在私が住んでいる学区に受験を目指す高等学校が何校かあるが、その学校の生徒たちを見ていると、昔のわれわれの受験のときと違うように見えるのである。われわれの頃の受験勉強というと必死になって何かを覚える、という印象がよみがえってくるが、最近の高校生たちは、毎日が苦しくて大変なのは同じであろうが、ある意味で勉強に興味を持ったり、楽しんでさえいる様子も見えるのである。「受験勉強といえども、興味や面白みを持たないと、根気とか集中力が長続きしないのだろうなあ」と思うのである。

神奈川県の十八歳の予備校生が、ある新聞に次のような投書をしていた。

> 私は予備校というものがこんなに楽しい所だとは知らなかった。
> とにかく授業が素晴らしいのだ。高校時代、「やみくもに頭につめ込む」といった勉強法だった。しかし、それには量が膨大すぎた。
> それが予備校では、一を聞いて十を知る。たとえば英語。私が今まであやふやだった所を絵や表にして、まるで数学のように理論で教えてくれたのだ。
> 私のこの時の感動と言ったら、頭の中で霧がぱぁっと晴れたような、「ああ、そうだったのか」という感じだった。涙さえ浮かんでしまった。
> 高校ではただ「覚えろ」の一言だった。
> だが、こうして理論的に教えてもらうと、どんな応用でもできる。ほかにも、先生方はいろいろな話をしてくれる。時には人生論についても語ってくれる。高校では一度もそんな話は聞かなかった。あったのは、偏差値の進路指導だけだった。
> ドラマのような青春を追い求めていた私にとって、それは悲しかった。（以下略）
>
> 一九九五年五月二一日（朝日新聞）

高校でも、もちろん中学においても、ただ「がんばれ」としりを叩いているのは、カンナ屑を追い求めていることなのである。興味も関心も、思考力も、集中力も、本物の授業から生まれるのである。

それが今、学校ではなく、予備校で行われているというのを、公立学校の教師である我々は、どう考えればいいのだろう。

やはり、頭の中の霧がぱぁっと晴れたようにしたり、人生論についても語ってくれる教師の方が余裕を感じられるし、指導力も感じられる。

授業入門

■教材解釈

卒業式の当日に、とっさの機転で二部合唱をして女子を助けた話をしたが、普段どのように過ごして、そういうクラスができたのだろうか。このような子どもたちを育てるのに何に力を入れていたかを教えたいのだが、言いよどむ、言いたくない。なぜかというと、言うと「なあんだ」というからである。

思い切って言おう、この学校は「授業」に力を入れていたのである。「教育」にではない。「エデュケーション」の方の「教育」の授業である。授業には子どもを変える力があることを知ってほしい。いじめのない学校を作るためにも、みんなにほんとうの「授業」について理解していただきたいと思っているが、説明するのが非常に難しい（あなたも私もそんな授業を受けてこなかったから）。でも何とか頑張ってみようと思う。

まず、人にものを教えるのは簡単だが、「(ほんとうの）授業」は難しいものである。だから、プロの教師にしかできない（これは建前、または私の希望）。

先に、先生はどんなに忙しくても「教材研究」をしなければならないと書いたが、そのとき「教材解釈」という言葉も遣った。この二つの言葉は似ているが、ちょっと違う意味を持っている。教師だけでなくこの本を読んでいる方もこの「教材解釈」という言葉を知ってもらいたい。

「授業」には欠かせない言葉だからだ。

教材解釈というのは、早い話が「教材の中身を知るための先生の勉強」と言えるだろうか。

・

私が三十代のころにいた学校の校長先生は、普通はベテランを配置する一年生の担任に、大学を出たばかりの先生（新卒という）をよくあてた。

ある日、校長室にちょっと用があって行ったときに、そのことを校長先生に（そうとうの勇気をもって）質問した。

校長先生は、

「一年生の教材なんか、新卒だって読めばすぐわかるじゃねえか。高学年はそうはいかないだろ」

というのだ。そこで私は言った。

「校長先生が小学校のときの、国語の最初の教材はなんでしたか？」

「おれん時は『サイタ／サイタ／サクラガ／サイタ』だったな」

「それじゃ先生、入学したての一年生に、その『サイタ／サイタ／サクラガ／サイタ』から何を読みとらせるんですか？」

「…………」

「サイタが二回続いて、しかも、四行のうち三行がサイタです。これは、

『さいた！

さいた！

桜がさいた！』

と、喜んでいる様子です。

『いつになったら学校へ行けるの？』

と何度も聞かれるたびに、家の人は、きっと、

『桜が咲くころになったら行けるよ』

と言っていたのでしょう。そういう喜びを読み取らせることが新卒の先生にできるでしょうか」

と言ったら、校長先生はぶすっとして何も言わなかった。

大先輩に向かってちょっと生意気な言い方だったかなあと思うが、そのことは別にして、「教材の内容を知る」（＝教材解釈）というのはそういうものである。したがって、教材解釈がなければ「授業」はできないものなのである。

大先輩とのやり取りはこれだけだったが、「サイタ／サイタ／サクラガ／サイタ」の解釈はまだ続きがある。いや、違う解釈があると言った方がいいかもしれない。

朝起きて、外へ出てみたら桜が咲いていた。そこでこの子は、

「さいた！

さいた！

桜がさいた！

今日から学校へ行ける！」

と興奮して喜びを表現しているのだろうか。

そうではない。学校へ行く準備は前の日に準備してあるだろうし、お母さんに、

「明日から学校へ行くんだから、早く寝なさい」

ぐらいのことは言われているはずである。

それに桜は一晩で急に満開になるわけではない。つぼみが膨らんで、少しずつ花が開いていく様子をこの子は見ているはずなのだ。そう考えると、朝外へ出てきて、

「あ、桜が咲いた。今日から学校へ行ける！」

と喜ぶはずがないのである。

この場面は、ランドセルを背負って、外へ出てからの話である。

「わーい、今日から学校だ。

あ、桜が咲いている。

お父さんやお母さんの言った通りだ。

桜が咲いた！

桜が咲いた！」

という気持ちがこういわせたのだろう。

これが私の解釈である。

ここまでで分かることは、教材解釈というものは、人によって違ってもいいものであり、「私はそうは思わない」というのがあってもかまわないということだ。だが、なければ授業ができないというものでもある。

また、教材解釈で出てきたものや、考え付いたものはすべて授業に生かさなければならない、というものではないということだ。

私が一時間かけて解釈をしたのに、一読してすぐわかるような「読む力」のある人もいるだろう。だから、教材解釈というのは、自分で時間を作ってしなければならない、自分自身の勉強なのである。

・

草野心平の詩に「春の歌」というのがある。春になってかえるが初めて穴から出てきた時の様子を表現したものである。

ほっ　まぶしいな。
ほっ　うれしいな。

みずは　つるつる。
かぜは　そよそよ。
ケルルン　クック。
ああいいにおいだ。
ケルルン　クック

（以下略）

かえるが「ほっ　まぶしいな」と言ったのは、

（A）穴の中で目を覚ました時
（B）穴からはい出して顔を地面に出した時
（C）その中間ぐらいのところ

のどこなのだろうか。

子どもたちに質問するときも、「かえるはどの辺で言ったのですか」という訊ね方があるし、黒板に絵を描いて「ＡＢＣのどこだと思いますか」でもいいし、「かえるはどこで言ったんだろうなあ」と先生が独り言のように言う手もある。

先生がなぜこんな質問をするかというと、子どもたちを、春が来たのを知って目を覚ましたかえるに同化させたいからである。だから、発問の意図はいいと思う。

先生は子どもを、かえるの穴に連れていくために、発問をいろいろ考えるのである。

「穴のどの辺で言ったのですか」

というのはよい発問とは言えない。どう答えてもいいが、後が続かないからである。

詩の中に、かえるがどこで言ったかが判る言葉がないので、どう答えても間違いではない。

どう答えてもいいときほど答えにくいことはない。

子どもでもそうだから、大人ならまず答えない。周りを見回して「間違っていないだろうか」とか「みんなに笑われはしないだろうか」と思ったりして、ちゅうちょしてしまうのが普通だ。

「ＡＢＣのどれかに手を上げなさい」

というのが子どもにとっては（大人にも）一番反応しやすい。

範囲が限定されているし、自分以外にもたいてい仲間がいるからである。

■クラスづくり（学級経営）

先生の独り言に大勢の子が反応するようなクラスが最もよい。だが担任になってすぐにはなかなかそうはいかない。だが、一年たってもそうならなかったら、それは先生に力（クラスをまとめる力・指導力）がないからである。

「大勢の子が自分の考えを平気で言えるクラス」にはケンカはあるとしても、いじめはないものである。

先生と子ども、子どもと子どもの間に「何を言っても許される」という関係ができているし、誰の意見に対しても賛成したり反対したりする自由がクラスの中にあるからである。

そういうクラスは、人前で自分の考えをはっきり言える子を育てるし、人の意見をちゃんと聞くことができる子を育てる。

私が以前参観した中学でもそういう授業をしていた。中学生になると自分から進んで発言する子は少ないので、先生がどんどん指名していた。

髪の毛を赤く染めた子も、考え考え、いい意見を述べていた。

後で先生が、「あの子はこの間まで番長を張っていた子です。ようやくここまで来ました」と言っていた。

思わず引き入れられるような授業をすることによって、生徒は勉強が好きになっていくのである。先生が一方的にしゃべる方が能率が上がるように思うかもしれないが、そういう、受け身一方の眠くなる授業より、半年もしないうちに、自分たちでどんどん解決していく力がつくものだ。

さらにいいことは、様々な意見を積み重ねていく授業をすることで、追求する授業の楽しさを体験し、味わうことができることである。そして「勉強は一人ではできないものだ、級友がいるからこそ、勉強が面白い」と思い、感じるようになる。

そういう体験は音楽や体育やそのほかの教科でもできるのである。だから学級経営というものは、すべての教科の授業時間を使って作り上げていくものである。

■どとなの発問

少し前へ戻るが、「穴のどの辺で言ったのですか」という発問はよくないと言ったが、よい授業をするためには「発問の条件」がある。

特に国語科の授業では「どうして」「どんな」「どういう」「なぜ」「なんで」というような発問はできるだけ避けることである。

私は絶対にしないと、心に決めている（どうしても言わなくてはいけないときもあるが、そういうときは独りごと風にしゃべることにしている)。最初のうちは大いに困るが、必ず違う言い方の発問が見つかるものである。

「ど」と「な」のつく発問をしていて、それがいい授業だったというのは見たことがない。

これはNHKのアナウンサーにも教えてあげたいことである。

大相撲で優勝した力士に
「今、どんな気持ちですか」

と必ず尋ねる。聞かれた力士は必ず困っている。

「いい気持ちです」とか「うれしいです」以外の言い方を探すべく、困った顔をしている。

小学生に(中学生にも)NHKのアナウンサーみたいな「どんな気持ちですか」的言い方の発問をしてはならない。漠然としているし、「気持ち」を訊かれているから「うれしい・いい気持ち」以外に答えようがないのだ。

教材解釈というのは、詩だけではなく、散文はもちろん、算数(数学)、音楽、体育などにも必要なものである。ところが、詩の勉強について、先生たちの中には、

「詩の授業は、あまり詳しく、微に入り細にわたり突っつくものではない。そんなことをすると詩の味わいがなくなってしまう。詩の授業は朗読するだけでいい」

などという人がいる。この意見には先生の中にも賛同者が多い。

確かに「ケルルン　クック」の詩も、声を出して読んだり、他の人の朗読を聞いたりするだけでも面白いし、イメージを持つこともできるし、日本語のリズムを感じることもできるが、先生が発問したり、皆で話し合ったりするのはそれ以上に、もっと面白さに気づかせたり、もっとイメージを膨らませたり、もっと朗読の楽しさを発見させるためにするものだ。

せっかくのいい教材を「突っつきまわして」子どもを退屈にさせて、詩を面白くなく感じさせたり、詩の勉強を嫌いにさせるような先生も確かにいるから困るが、そういうことを言う先生は、教材解釈の本当の意味を知らない人か、教材解釈の浅い先生である。言い方を変えれば教師として未熟であるか、指導力のない先生である。

教材にはいい授業ができる教材とそうでないものがある。だが、いい教材なのに自分に解釈の力がないためにその教材の良さを見付けられないこともあるから、自分の浅い解釈で、これはよくない教材だと決めつけてはいけない。

私も今までに何度もそういうことがあったから、教師には謙虚さと研究心が大事だと、身をもって感じている。

周りを見ていると、教材解釈の力がなく、子どもの心が見えない先生のクラスでは勉強が嫌いになるし、学校嫌いになる子も多い。そういうクラスでは級友間の連帯感も味わえない。中学であれば、部活にしか楽しみを見いだせない生徒になったり、部活にも生きがいを見いだせずに、いじめでうっぷんを晴らそうとする子にもなる。

■その世界に入る

物語や詩（短歌・俳句）の勉強は、その場面のイメージを浮かべて、読み手がその世界やその場面の中に入っていくことが大事である。それがないと文学を読んだことにならない。登場人物と一緒に呼吸し、ハラハラ、ドキドキするからこそ、読むことが面白いのである。

「春の歌」の詩では、子どもたちが皆、冬眠から覚めたばかりのかえるになって、「ほっ　まぶしいな」と感じたり、自分の手で「みずはつるつる」を感じたり、「ああ　いいにおいだ」と春のにおいを嗅《か》がなければ、この詩を読み味わったことにならない。

それをすべて言葉のやり取りでするのが「授業」というものである。そういう授業では、子どもはかえるの穴にも入れるし、未知の国にも行けるし、昔の時代に生きることもできるのだ。大人が小説を読んだり、映画を見たりするのも同じ理由である。

好奇心の強い子どもが、そういう勉強を嫌いになるはずはないではないか。子どもは本来学ぶことが好きだし、学校が大好きなのである。みんなが自由に自分の考えを出し合うのは、そういう授業をするためである。

では、どんな言葉をどのように使えばいい授業になるのか。それは、なかなか人に教えられるものではないのだ。西岡棟梁は若い大工たちに手を取って教えなかったし、十年以上一緒に仕事をした小川さんも、木にカンナをかけるのを一度見せてもらっただけだった、というのと同じだ。

先生は、一人ひとりが違うから、人のまねをしても決してうまくいくものではない。How to の本を読んだり、聞きかじったりして優れた先生になった例は一人もいないことだけは確かである。試行錯誤しながら自分の方法をつかむのは大変だと思うかもしれないが、やってみれば解るけれど、それは楽しみなものであり、教師のだいご味でもあるのだ。

■イメージを壊すな

「すべて言葉のやり取りでするのが授業」の続きだが、先生の中には言葉より、実物を持ってきて子どもに見せたがる人がいる。

「たぬきの糸車」の勉強では、苦労して糸車を探してきて「これが糸車ですよ」と子どもに見せるし、「わらぐつの中の神様」という教材になると、わらぐつを持ってきて見せるという具合だ。さしずめ「春の歌」では、かえるの冬眠した穴をわざわざ探しておいて、子どもたちをそこへ連れて行って、「さあ皆さん、これがかえるが冬眠していた穴ですよ。『ほっ　まぶしいな』と言ったのはどこでしょうね」ということになろうか。

子どもは一人ひとり、周りの風景を含めた、自分だけの池のイメージを膨らませていたはずなのに、そういうことをしたら子どものイメージはぶち壊しになってしまう。特に高学年ではそうなのだ。

子どもの読み取り（読解）の授業に実物を持ってくるのは、授業の力のないのを、物を見せることでカバーしているのだと言われればそれまでだが、もし、外国の物語や、昔の物語や、未来の物語だったらどうするのだ。

「おむすびころりん」のおじいさんが、おむすびが転がり込んだ小さい穴からネズミの世界へ入っていったり、浦島太郎が亀の背中に乗って、潜水服も着ないで竜宮城へ行ったのも、みな虚構の世界であり、読者である我々も、おじいさんと一緒にネズミの世界へ行ったり、海の中の竜宮城へ行くことができるのだ。

実物を持ってくることができないそういう世界が子どもの心を育て、そんな物語が読む楽しさを育てる。だから、国語科の読み取りの授業が面白いのである。

国語の時間に実物を持ってくるのは、たいていは熱心な先生である。だから、周りの先生も校長先生も、「よく探してきましたね」とその苦労をたたえ、それで「きっといい授業だろう」と誤解してしまうから困る。熱心な先生が必ずしも優れたいい先生とはいえないのである。

断っておくが、国語の読み取りの授業に実物を持ってくるなというのは原則であって、例外もある。また、社会科や理科はできるだけ実物教育の方がいいのはとうぜんである。

■S君と詩の授業

以前受け持った六年生のクラスにS君という子がいた。
あるとき、「はしら」という詩を勉強したことがあった。

ちいさいとき
ぼくの友達は柱でした
柱にゆわいつけられて
ぼくは柱と仲よくなりました
お母《かあ》が工場《こうば》から帰ってくるまで
ぼくは
こうして柱と遊びました

S君は体も大きくいろいろなことをよく知っていて、テストはどんな教科でもいい点を取るのだが、国語の読み取り（読解）だけは不得意であった。登場人物の心理が全然読み取れないのである。

それに、S君は一種の問題児で、弱い子に暴力をふるったり、勉強の遅れている子を馬鹿にしたり、自分の意見が通らないと暴れたりする子だった。

この詩はこのままでは、何度読んでも子どもたちだけでは深い読み取りはできないだろう。やはり、子どもと話し合いながら、内容を読み取っていかなければならないと思う。

私はこの詩から、「母親の悲しみ」を読み取らせたいと思っていたのだが、S君はだめだった。第一にS君は、柱にこの子がぐるぐる巻きにされているというのだった。「それでは、柱と遊べないではないか」とみんなに言われても、最後まで考えが変わらなかった。

さらに、この子（ぼく）が可哀そうなのはもちろんだが、お母《かあ》の方がもっとつらかったのだということや、大人になった現在の「ぼく」は、お母《かあ》のことをどう思っているのか、などということについては、とても考えられない、及びもつかないことだった。

S君は柱にゆわいつけられて、柱と遊ぶ子どものイメージがどうしても持てなかった。工場から帰ってきたお母《かあ》が、最初にすることは、まずこの子を抱き上げただろう、というイメージも持つことができなかったのである。

どうしてS君のような子ができたのだろうと、その後ずっと思っていたが、ある日、家庭訪問で自宅へ伺った時、お母さんにS君の名を伏せて、「はしら」の授業のことを話したところ、「そんな子もいるんですか。うちの子はそんなことは絶対ありません」とたちどころに否定し、そんな子がいることに驚いていた。

私は永い間抱いていた胸のつかえが降りたような「なるほど」というような気持ちになったのだった。

子どもは迷いながら育てるものだと思っていたし、人にもそう言ってきたが、このお母さんは、子育てに全然迷いがなく、自信を持って育てたのだろうなあと思ったのである。

自信をもって育てるとどうしてS君のような子になるかについては、私の経験からしか言えないけれど、子どもに対して考える隙を与えないのだ。「この方がいいと思うなあ」とか「こうしたらどうかしら」という言葉があまりなくて「こっちの方がいいです」「こうしなさい」という言い切るような言い方が多く、子どもは、自分で考えて何かをするより、記憶したことで物事を処理しようとするのではないだろうか。考えるのはお母さんがしてくれる生活だったのである。

今思うのは、S君は反抗期をうまく過ごせたのかなという心配である。

■ごんぎつねの授業

四年生の「ごんぎつね」も忘れられない。

「ごんぎつね」は、そのまま読んでも面白い物語だが、深く追求するともっと感動的な話になる。長い物語なので、かいつまんで紹介する。

ごんは平十《ひょうじゅう》に、毎日くりやまつたけを持っていってあげるが、それを聞いた加助は、

「そりゃ、人間じゃない、神様だ」

と言う。それを後ろで聞いていたごんは、

「へい、こいつはつまらないな。おれがくりやまつたけを持っていってやるのに、そのおれにはお礼を言わないで、神様にお礼をいうんじゃ、おれは引き合わないなあ」と思いました。

私は、「ごんはくりやまつたけを持っていっていることを、平十に知らせたいのか、知らせたくないのか」と尋ねた。子どもたちは、「知らせたいのではない。気付いてほしいのだ」という結論を出した。

私もそう思っていた。この結論を抜きにしては、死ぬことでしか、ごんを理解し得なかった平十の悲しみや、死ぬ時のごんの気持ちを読み取れないのである。

今日はいよいよ最後の場面だ。

> 平十はかけよってきました。家の中を見ると、土間にくりが固めて置いてあるのが、目につきました。
> 「おや。」
> と、平十は、びっくりして、ごんに目を落としました。
> 「ごん、お前だったのか、いつも、くりをくれたのは。」
> 青いけむりが、まだつつ口から細く出ていました。

のところである。
先生（T）今日は最後の場面だから、初めから読んでもらいます。
今までの勉強を思い出しながら読んでください。
座席の順に朗読
朗読が終わったとたん、挙手三名。

子ども（C）「目を落としました」って書いてあるけど、どうして「目を向けました」とか
　書かないの？
Ｔ　そのほかの言い方は？
そういって、子どもから聞き出し、板書。

目を落としました 目を向けました 目を移しました 目につきました

Ｔ　「目につきました」というのは、「ぐうぜん目についた」
　あとの三つは？
Ｃ　見ようと思ってる。
Ｃ　「移しました」というのは、順番に見ていったこと。
Ｃ　「落としました」というのは、目を下に向けたこと。
Ｔ　平十の心の動きは？

C　ゆっくり、じーっと見た。
T　「ごん、おまえだったのか、いつも、くりをくれたのは」って、平十が言ってるね。
だれに言ってるの？
C　ごん。ごんに言ってる（大勢）。……当然という顔つき。
T　朗読

ごんはぱたりとたおれました。平十はかけよってきました。

家の中を見ると、土間にくりが固めて置いてあるのが、目につきました。

「おや。」

と、平十は、びっくりして、ごんに目を落としました。

「ごん、お前だったのか、いつもくりをくれたのは。」

C　自分に言ってるんだ……。
C　独り言だ。　……数名
T　平十が、「おや」と言ってびっくりしてるね。なににびっくりしてるの？
くりが置いてあったからかい？　くりが固めてあったからかい？　ごんにたまが当たっ

たからかい？

C　くりを毎日持ってきてくれたのが、ごんだとわかったから、びっくりした。

C　だから、ごんに目を落とした。

T　くりが固めて置いてあるのを見て、平十には、そのことがわかったんだね。
土間のくりを見て、何分ぐらい、何秒ぐらいたって「ごんだったのか」とわかった？

C　五秒ぐらい。……

C　十秒ぐらい。……口々に。

T　初めはいわしを投げこんだ。つぎはくりを置いて帰った。今度は固めて置いた。ころがったのを、小さい手で寄せ集めたのかもしれない。
ごんの心がこもってる。君たちはそのことを、昨日勉強したから知っている。
ところが、平十にそういうことが分かったのかな。

C　……

T　ごんのくりの置き方が、ていねいになっていくでしょう、だんだん。もうつぐないじゃない。

C　習慣になっている。

C　僕たちが毎日学校へ来るような感じ。

C　もう、兄弟みたいに思ってる。

C　わたしは、初めて読んだとき、一緒に暮らすのかと思ったの。

T　兄弟みたいに平十のことを思っているんだね、ごんは。

ごんの気持ちがそういうふうになっていったのが、固めて置いてあるくりを見て、平十にわかったのかなあ。

しばらく、間。

C　わかったの。だって、「固めて置いてあるのが目につきました」って書いてあるから。それで、ごんのことがわかったんだから。

T　そうだね。平十にはわかったんだね。

C　だから、毎日、くりやまつたけを持ってきてくれたのはごんだったんだ、というのがすぐわかった。

C　いつも、誰だろう、誰だろうと思っていたから、神様だろうかって考えていたから、くりが固めて置いてあるのを見て「ごんだった」ってわかった。

T　もう一度読むよ。（先程のところを朗読する）

一秒とか、五秒じゃない。平十は瞬間に分かったんだね。

ドンとうった時には（やったーの声あり）そう、「やったあ！」と思ってかけよってきた。ところが、固めて置いてあるくりを見て一瞬のうちにわかった。だから、びっくりしてごんに目を落とした。
（板書を指して）「目を落とす」には、平十の心が入っている。心を落とした、と考えてもいいね。だから、そのあとの「いつもくりをくれたのは、ごん、おまえだったのか」と平十が言ったのは、さっきみんなが言ったように、ごんに言っているのではなく、自分に言ってるんだね。

T　朗読。

ごん、お前だったのか、いつも、くりをくれたのは。
ごんは、ぐったり目をつぶったまま、うなずきました。

しばらく間。

C　じゃあ、ごんはうれしかったんだね。

C　そう。ようやく気づいてくれた、とおもってうれしかった。……　数名。

C　さし絵を見ても、なんとなくうれしそう。

T　ごんは死ぬときになって、「うれしい」と思って死んでいった。だから先生は、このお話、いっそう悲しい。平十が気づいたときには、ごんが死んでいた、ということもね。

「平十は、火なわじゅうをバタリと、取り落としました。」

どうしたのかねえ、平十は。じゅうをバタリと落として……。

しばらく、間。
C　悲しくて。
C　なにも考えられなくって。
C　力が抜けちゃった。
T　そうだねえ。うでの力も、体中の力も、みんな抜けてしまった。
平十のそのときの気持ちは、なんて言っていいか解らない。

でも、平十の気持ちがわかるところがあるよ。どこですか？
C　「目を落としましたというところ」
T　そう。
C　「火なわじゅうを、バタリと取り落としました」というところ。
T　そう。そこでもわかる。
C　はい。（挙手して）
「青いけむりが、まだつつ口から細く出ていました」というところ。

Ｔ　そう。青いけむりが……

Ｃ　ほそーく……

Ｔ　青いけむりが、ほそーく出ていた。それが、平十の気持ちを表していると思う。

Ｔ　じゃあ最後に、今日勉強したところをもう一度読んでください。

（指名読み）

平十が火なわじゅうを、バタリと落としたのは？　というところで、子どもたちが「びっくりして」と答えるだろうと予想していた。だが、子どもたちは、その壁を乗り越えていた。今日は雨が降っていた。そのせいかどうか、落ち着いた雰囲気で授業ができた。参観のお母さんたちも数人いた。

ごんぎつねの勉強を終わって　……できるだけ短く書きなさい

（この日の授業に関する部分の感想だけに絞りました）

○　青いけむりがまだつつ口から細く出ていました、というところは、飾りだと思って何も感じなかったけど、勉強して、平十の気持ちだということが分かって、びっくりした。（山中）

○　私が一番心に残ったというか、心をぎゅっとしめつけられる思いになったのは、「ドン！とうちました」「ごんは、ぐったり目をつぶったままうなずきました」「ごんはパタリとたおれました」のところです。そこを初めて読んだときは、かわいそうだなあと思っただけでした。けれど、勉強してから読んだら、「ごんは、ぐったり目をつぶったままうなずきました」というところは、「うれしい」という気持ちがあり、とってもいじらしくて、なみだが出ました。とってもかわいそう。（大沢ほか）

○　ごんは、自分が悪いことをしたのだから、平十が悪いと思っていない。これでいいと、死んでから思っている。（外山）

○　ごんはなぜ、「くりをあげたのはおれだ」と言わなかったのだろう。言えばうたれずにすんだかもしれないと、最初ぼくはこう思った。だけど、勉強して、「ごんはうたれてうれしかった」ということがわかった。こんなことは、思いもよらなかった。ぼくは、最初の考えと反対になった。（鈴木ほか）

○　平十のおっかあは、きっとあの世でごんのことを見ていたに違いない。だから、平十のおっかあは、きっとあの世でごんといっしょにくらしてくださるでしょう。やっとごんもひとりぼっちでなくなる。

平十は、おっかあとごんの、大事な二人を何日かのうちに失ってしまった。平十の心に穴があいた。平十は、死んでしまったごんよりさびしい。（梶林）

○つつ口から青いけむりが細く出ているのはおせんこうだと思う。（井草）

参観していたお母さんからも感想の手紙をいただいた。

ゴンぎつねの授業参観ありがとうございました。

二十一日に出席したのが運のつき？

とうとう三日連続、最終日の今日まで四年二組へ出掛けてしまいました。

先生が今日はあそこをどのように子供に理解させるのかと毎日楽しみで、わが子が理解できたかどうかなどはお構いなしに、親の方が夢中になってしまったわけです。

四年生の子供でもあれだけ深く読み取れるものなんですねー。

改めて感心しましたし、また、見直しも致しました。

毎日の授業が子どもたちの真剣な意見で、生き生きとして、何と一時限のたつことの早いことでしょう。

先生は決して自分の結論をすぐ押し付けないで、子供たち自らの答えを考え出させ、小さな疑問でも大切に、一緒に考えてくださるやり方、本当にあれならば子供達が一所懸命考えようとするのも当然のことなのでしょう。

この四年生のゴンぎつねの載ってる教科書は一冊の本としてずっと本箱に残して置こうと思っています。

よい思い出ができました。

また一年間という短い間ではございましたが、三部合唱や体育、図画など、今の子供達にとりまして欠けがちなものも、丁寧にご指導くださり、これから先の人生できっと救いになってくれるものと思います。

子供に代わりお礼申し上げます

■教室の扉は開いています

これは「学級だより」として毎週保護者宛てに出していたものの拡大版である。

今度、国語で、「わらぐつの中の神様」という物語の勉強に入ります。いつでも観においでください。

きっと「文章を読み取るのは大事なんだ」ということが分かると思いますし、同時に、むずかしいものだということもお分かりいただけると思います。なにしろ、国語ばかりでなく、社会も、理科も、算数もみんな日本語で書かれていますから、日本語を「読みとる」ことができなければ、どれもだめなわけです。どうすれば読み取る力がつくのか、とよくたずねられますが、私はそのたびに「悲しいことに涙を流し、うれしいときにはうれしいと喜び、美しいものを見た時には美しいなあと感じる。そういう心を育てることが一番大事です」と答えます。そうするとたいていい人は、分かったような分からないような顔をします。でもそこをぜひ解ってもらいたいのです。

最初から続けて観れば、きっと、「悲しいことに涙を流し、うれしいときに……」ということが分かった、と言っていただけると思います。

かしこい子・頭のいい子に育てるには、どんなふうに育てればいいのかという、子育てのヒントも見つかるかもしれません。

毎時間お出でになるのは大変だと思いますので、適当に判断してお出かけください。でも最後の日だけはぜひ……。

家へ帰ってからの親子の会話の種になりますよ（これが最大の収穫かも）。

断っておきますが、お子さんの様子を見にではなく、「授業を観に」お出でください。


お母さんとお父さんたちにこういう呼びかけをした。

「わらぐつの中の神様」（杉みき子作）という教材は恋物語で、こういうものが五年生の教科書に載るなんて以前は考えられなかったことだ。あらすじを書く。


雪がしんしんと降る夜、こたつにあたりながらおばあちゃんが、「わらぐつの中には神様がいなさる」とマサエに言ったのがことの始まりです。

「わらぐつの中に神様だって。そんなの迷信でしょ、おばあちゃん」とマサエは言います。

「おやおや、何が迷信なもんかね。正真正銘、ほんとの話だよ。それじゃあ、ひとつ、わらぐつの話をしてやるかね。わらぐつの中に神様のいなった話をね」

こうして、おばあちゃんの長い話が始まりました。

台所の仕事がすんだお母さんも聞き役に加わりました。


昔、近くの村に、おみつさんという、気立てが優しくて、よく働くので、みんなから好かれている娘が住んでいました。

このおみつさんが、ある秋の朝、町の朝市へ、野菜を売りに出かけました。

町へ入ると下駄屋さんがあって、そこに一足の雪げたがかざってありました。おみつさんは、その雪げたが欲しくてたまらなくなりました。

家に帰ったおみつさんは、お父さんとお母さんに、雪げたのことを頼んでみましたが、お父さんは相手にしてくれません。おみつさんは、「うちのくらしだって、大変なんだもの。買ってもらえないのも無理はない。そうだ、自分で働いて、お金をつくろう。そしてあの雪げたを買おう」と考えました。

おみつさんはさっそく夜に入るとわらぐつ作りを始めました。お父さんの作るのを見ていたので、作り方は知っていたのですが、いざ自分で作ろうと思うとなかなかじょうずには作れません。

でも、おみつさんは、形は悪くても、はきやすくて、温かく、長持ちするようにと、心を込めて作りました。

朝市へ来たおみつさんは、野菜の端にわらぐつを置きましたが、なかなか売れません。

お昼近くになって、野菜が売れてしまったので、もう帰ろうかと思っていると、大きな道具箱をかついだ若い大工さんが前に立ちました。

「あねちゃ、そのわらぐつ、見せてくんない」

「あんまり、みっともよくねえわらぐつで――」

と言いながら、おみつさんはわらぐつを差し出しました。

大工さんは、道具箱を下に置いて、そのわらぐつを手に取ると、縦にしたり横にしたりして見ていましたが、今度はおみつさんの顔をまじまじと見つめて言いました。

「このわらぐつ、おまんが作んなったのかね」

「はあ、おらが作ったんです。初めて作ったもんで、うまく出きねかったけど――」

「ふうん。よし、もらっとこう。いくらだね」

こうして、初めて作ったわらぐつがようやく売れたのでした。おみつさんは、うれしくてうれしくて、その大工さんを拝みたいような気持ちになりました。

おみつさんは次の市までに、また一足のわらぐつを作りました。

おみつさんがわらぐつを持って市に出て、この前と同じように野菜の端にならべましたが今度はあまり待たないうちに声をかけられました。見ると、その人はこの前も買ってくれた、あの若い大工さんでした。

その次の市にも、またあの大工さんがわらぐつを買ってくれました。

その次も、その次も、市へ出るたびに、必ず買ってくれるのです。

おみつさんは、うれしいことはうれしいのですが、毎回買ってくれるのが不思議なので、思い切って尋ねてみました。

「あのう、いつも買ってもらってほんとうにありがたいんだけれど、あの、おらのつくったわらぐつ、もしかしたら、すぐいたんだりして、それで、しょっちゅう買ってくんなるんじゃないんですか。もしそんなんだったら、おら、申しわけなくて――」

するとと大工さんは、

「いやあ、とんでもねえ。おまんのわらぐつは、とてもじょうぶだよ」

といいます。そして、じょうぶでいいわらぐつだから、仕事場の仲間や、近所の人達の分も買ってやったんだと言います。そして今度は急にまじめな顔になって言いました。

「おれは、わらぐつをこさえたことはないけれども、おれだって職人だから、仕事のよしあしは分かるつもりだ。いい仕事ってのは見かけで決まるもんじゃない。使う人の身になって、使いやすく、じょうぶで長持ちするように作るのが、ほんとのいい仕事ってもんだ。おれなんか、まだ若造だけど、今にきっと、そんな仕事のできる、いい大工になりたいと思っているんだ」

おみつさんは、こっくりこっくりしながら聞いていました。

それから、大工さんは、おみつさんの顔を見つめながら言いました。

「なあ、おれのうちへ来てくんないか。そして、いつまでもうちにいて、おれにわらぐつを作ってくんないかな」

おみつさんは、それがどういう意味なのか分からず、大工さんの顔をしばらく見ていました。それが結婚の申し込みだということに気づくと、「白いほおが夕焼けのように赤く」なりました。

「それから若い大工さんが言ったのさ。使う人の身になって、心を込めて作ったものには、神様が入っているのと同じこんだ。おまんが来てくれたら、神様みたいに大事にするつもりだよ、ってね。どうだい、いい話だろ」

「ふうん、そいでおみつさん、その大工さんのところへお嫁に行ったの」

「ああ、行ったともさ」

「ふうん。じゃあ、おみつさん、幸せに暮らしたんだね」

「ああ、とってもしあわせにくらしているよ」

「暮らしてる。じゃ、おみつさんて、まだ生きてるの」

「生きてるともね」

「へえ、どこに」

おばあちゃんとお母さんはにこにこ笑っていて、教えてくれません。

「変なの、教えてくれたっていいでしょ」

そこで、お母さんが言いました。

「マサエ、おばあちゃんの名前、知ってるでしょ」

「おばあちゃんの名前は、山田ミツ。あっ」

「おみつさんて、それじゃ、おばあちゃんのことだったの。あら、じゃあ、その大工さんて、おじいちゃん」

ちょうどそこへ、おじいちゃんがお風呂から帰ってくる、というお話です。


（「」内は教科書の原文通り。そのほかは私の要約）

○　ある日の授業の様子

若い大工さんが、おみつさんを結婚相手にふさわしい相手だと認めたのは、わらぐつを通して、おみつさんの人柄や仕事ぶりを知ったからではない。

若い大工さんは最初から、美しくて、すてきなおみつさんに惹かれていたのだ。一目ぼれかもしれない。だから何回もわらぐつを買ったのだ。

近所の人たちや仕事仲間の人たちに買ってあげたというのだってうそかもしれない。今まで買ったものが、家にそっくりあるかもしれないよ。

すてきな女の人にはお世辞だって言うだろうし、第一、最初にわらぐつを買うときだって、「まじまじと顔を見た」ではないか。以上が子どもたちの意見の主流でした。

私は違います。私は「大工さんは、わらぐつを通しておみつさんの人柄などが分かって好きになったのだ」と思います。それに容姿も加わったのは当然だと思いますが。

でも、子どもたちの考えを変えるだけの読み取りができませんでした。

私の意見はことごとく反論されてしまいました。子どもたちは自分なりのイメージを持っているので、それを変えるには相当はっきりした論拠を示さなければなりません。

まあ、これが試合だとすれば、この日は私の負けでした。

今に見ておれ。明日こそ凹ましてやるぞ。私の決心。少し心細い。

○　参観者の感想とわたしのコメント（ご家庭にも配布した）。

子供たちと一緒に国語の勉強をさせていただきました。

子供たちは子供なりに一生懸命考えているんですね。

私も、先生の質問に対して、自分なりに考えてみましたが、むずかしいですね。

先生が、不思議に思うとか、疑問に思うと言って子どもたちに質問するのですが、先生が言うまで私はハズカシながらなにが疑問で、なにが不思議なのか気がつかないんです。

本を読むときに、通りいっぺんに読んではいけないいんですね。

今回も思いました。

勉強は先生。私は母親。（自分とのたたかいが、始まりました）　（A）

「先生が言うまで……気がつかない」とおっしゃいますが、私にさき回って分かったら、私はメシの食い上げです。お母さんと同じことしかできなかったらプロと言えないじゃありませんか。とはいうものの、正直にいうと、私も一度読んだだけでは解りません。家へ帰って教科書を何回も読むんですよ。

子供たちの想像の世界に入り込み、一緒に物語を楽しむことができて、よかったと思っております。おばあちゃんのロマンスは、内容的にまだ子供たちにとっては理解しにくいもののように思われました。ただ、物を作るとき、丹精をこめれば真心が相手に通じるということは理解できたのではないでしょうか。（B）

おばあちゃんのロマンスは全員の子どもに完全に理解できたとは、私も思いませんが、その点はどうぞ子どもたちの感想文を読んで判断してください。あとで印刷して配ります。

授業を拝見していて、個人差があり過ぎるのではないかと感じました。発言する子としない子がはっきりしていて、発言する子だけで授業が進んでいるように思いました。（C）

確かに個人差はあります。でも個人差は避けられないことでもあります。口の重い子も軽い子もいます。考え深い子も、そうでない子もいます。感じる子もいます。ニブイ子もいます。これは程度の高い授業になると避けられないことです。だけど、全員に発言させたり、手を挙げさせようと思えばできないことではありません。もっと答えやすい、易しい発問をすればいいのです。でもそれでは質の低い授業になってしまいます。もう一つ大事なことは、発言のあるなしと、授業への参加とはイコールではないということです。これも、感想文をご覧ください。発言してる子でも、浅い子がいます。発言しない子でも深い子もいます。ですから、発言の多い少ないと、読みとりの深い浅いはあまり関係はありません。口数の多い奥さんが頭のいい奥さんだとは限らないというのと似てますね。そういうことも含めて、個人差はどうしてもあります。私はどの子にも深く読みとってほしいと思っていますので、そういう意味では個人差を少なくしたいと思っております。

こういう意見もありました。

個人差はあって当然だと思います。なぜなら、個々に家庭環境も違うのだし、子どもの能力も違うと思うのです。

参観して痛切に感じたことは、家庭でもっと「これ、どうなっているのだろう。こういうことだと思うけど、そうかなあ」という対話を大人と一緒にすることによって、考えを深めていけるのではないか、と思ったことです。（D）

子どもたちが深い読みとりをしたり、感動して物語を読めるようにするにはどうしたらよいか、という疑問に対する一つの手だてがここに出されています。ふだんの生活の中で、大人が、「思考」を誘発してあげたらいいのではないか、ということです。

巧みな授業ぶりに感心させられました。以下、私の主観的な意見を述べてみますと、

① 時間のわりに内容が豊富過ぎた感じがします。

② ここでは、「おみつさん」と「若い大工さん」の気持ちの動きを通じて、何が人の心を動かすものかを読み取ることに的を絞るのも一方法かと存じます。「まじまじと見つめる」、「じっと見つめる」の説明は別の機会でもよかったように思います。

③ 今回の授業では、「おみつさん」の心理分析に比較的多くの時間が割かれたように思いましたが私には「若い大工さん」の言動が最もよい教材のような気がします。

子供達の「一目ぼれ」説、「ビビーン」説など、フィーリング先行型の短絡思考に対して、完膚なきまでにやっつけうる言動だったと思います。つまり、

・若い大工さんはおみつさんの外見については一言もふれていない。

・結婚という大きな決意をすることが可能な、ちゃんとした確証があったということ。

そしてそれは、物語に対する真剣な態度、思いやりといった、いわば「心」をこの大工さんは何よりも重視した、ということなどです。（E）

③は私が子どもたちに負けた場面です。私が何を言っても子どもたちに反論されてしまいました。Eさんの助け舟も遅きに失したのですが、その夜、家へ帰って必死に教科書を読み返したわけです。それで考えたのは、

・君たちはデパートへ行ったとき、品物を見て歩くか、売り子さんの顔を見て歩くか。
・大工さんはわらぐつを手にとって、たてにしたり横にしたり、長い時間吟味したではないか。
・「まじまじと見る」というのは珍しいものを見るときの見方だ。プロポーズのときの「じっと見る」とは違う。というようなことでした。

私にとってこの教材の困った点は、一目ぼれと受け取っても受け取れないことはない、つまり、読者の自由に任されているところがあるということです。若い大工さんも何回かわらぐつを買うためにおみつさんに接しているうちに（教科書では五回目）結婚を申し込んでいます。

また、わらぐつの作り方で、おみつさんの人柄がわかり、すばらしい人物だと認識したとしても、それだけでは結婚につながらない。教科書には書いてないけれど、何回か接するうちに、顔かたちを含めた、おみつさんの全身像（適切な言葉ではないが）に恋心を抱いたのです。

さてそれがいつごろからか、といったって、はっきり分かるものではないし、教科書にも書かれていない。ただ私は、初対面のときではないと思いたい。私はそう読みとる。これとて、子どもに「おみつさんは初めて市に出たんじゃないでしょう。大工さんは前から目をつけていたのかもしれないよ！」と言われたのでは、もうアウトです。

子どもは「心だけで結婚相手を決めるの？　ボクはカワイイ方がいいな」などとしゃあしゃあと言うんですよ。グウの音も出ないね。ホントのことだもんね。しまいには「先生の経験から言って、どう？」などと言いやがる。まわりで見ているお母さんやお父さんたちにとっては面白いでしょうが、こっちはお手上げですよ。

でも、翌日の時間、子どもの方から、

「やっぱり一目ぼれじゃないよ。ボク考えが変わった」

と言い出し、意気込んでいた私は、拍子抜けしまったのは果たしていいことだったのかどうか。

（ここまでの授業について、後になって考えてみて、思いついたことがあります。後ほど「まじまじ」と「じっと」についてては、つぎのような意見もありました。

今日の授業はとても難しくて、私も考えてしまいました。

Kちゃんの意見には、先生同様気がつきませんでした。

おみつさんが大工さんの事を「偉い人」のように思ったのは「よい仕事をする大工になりたい」と努力をしている気持ちも、その理由の中に入っているのではないかと思います。

昨日の「大工さんは、わらぐつとおみつさんのどちらに先に惹かれたのか」という授業は、とてもおもしろく観させていただきました。（―ほらね、やっぱり）

帰り道、子どもにたずねてみると、

「わらぐつの方が先。でも、証拠がねえ……。『おまんが作んなったのかね』というところしかわかんない」

私もそうでした。

今日先生がどうなさるかと思っていると、

・まじまじと見つめて…。

・じっと見つめて……。

と出されたので、なるほどなあと思いました。

この二つの言葉の中に、大工さんの心の変化していった過程が凝縮されていると思います。おみつさんがわらぐつを売りに行くときの心の変化は、わりと易しかったのでしょうか。

子どもたちも活発に意見を出し、聞いていて、まるで映画を見ているように、場面を思い浮かべられました。

授業を観ていて驚いたのですが、子どもには分からないだろうなあと思っていても、子どもの方がずっと鋭く感じるのだなあ、大人はにぶくなっている部分もあるなあと、ひどくびっくりしました。子どもがいかにもその子らしい意見を言うのも、おもしろかったし、見かけよりもずっとデリケートに感じる子もいて、驚きました。

受け入れる心が、どんな小さなことも、感じられるようにするというのが、とても大切だと痛感しました。

何も感じない心には、どんな名文も何も残らず通りすぎてしまいますね。（F）

受け入れる心、感じる心が大切だというFさんのお手紙を読むと、「国語の読解が弱いのです。本をたくさん読ませればいいでしょうか、塾へ行かせた方がいいでしょうか……」という言葉は出なくなるのではないかと思います。

今日の学習のポイントはこの辺かな？　と思っていても実際には違っていたり、思わぬことで進展しなかったり、子どもたちの弾力性のある思考を楽しみながら、実感として授業を受け止められました。

それに、人の心の動きを知ることは、日常の生活の中で、子どもながらに色々の経験を通した方がよく理解できるとも感じました。また、ほかの子と同じように冷静に我が子の意見が聞け、手の挙がらないのも気にならなくなったこと。家に帰って、落ち着いて我が子の発言の意図することを聴けるようになったことが、何よりの収穫であったことをうれしく思いました。先生のおっしゃる「美しいものを美しいと感じ……」ということがどれほど大切なことなのかが、分かってきました　（G）

解りやすい、きめ細かい授業で、私も大変楽しかったです。
親にはあのような教え方はとうていできません。
日頃先生のおっしゃる事がよくわかりました。　（H）

授業がむずかしかったという方と、分かりやすかったという方とあって、おもしろいなあと思います。

教材にもよりますが、私は、大人と子どもとは、果たしてどちらが深い読みをするかは、一概には言えないと思っております。大人は経験は豊富ですが、考えが常識的で類型的です。子どもは発想が自由で、柔軟性があり、恐れを知らないところがあります。三ページ前に、「気づいたことがあるが後で…」と言っていたのが、この事です。

たとえば、この物語は「おばあちゃんのロマンス」であり「恋愛もの」です。大人は最初からそう思って、ハッピーエンドを期待して読みます。ですから、大工さんが「わらぐつを通してみつさんを好きになった」と当然のことのように思い、「近所の人や仕事仲間の分も買ってあげた」ということについても、違和感を持ちません。これを書いた杉みき子さんもそのつもりで書いています。ところが子どもにはそういう常識がないのです。文章をそのまま受け取るから「大工さんは、前からおみつさんを市で見ていたはずだ」とか「一目ぼれしていたかもしれない」とか「今まで買ったわらぐつだって家にあるかもしれない」などという発想をするのです。子どもは文章を正直に読み取り、様々な可能性を正直に言葉にするわけです。今になって考えると、子どもたちに、杉みき子さんをはじめ、われわれ大人が考えていないスキを突かれたのです。

ところが、それを押し通すと「おばあちゃんのロマンス」を主題とするこの話にそぐわないことに気づいて、「僕は考えが変わった、ひとめぼれではない」になったのです。

あなたも私も、作者の杉みき子さんも、子どもたちに手玉に取られてしまったのです。あ〜ぁ。嘆いてばかりいないで、前に戻って、つぎに進みます。

つぎのIさんも難しかったと思われた方です。

教科書の読みが、とても上手になったなあと感心しました。とくに「……」の会話のところが、感情が込められていて、とてもよかったです。

子どもたちが自由に、のびのびと意見を述べているのが印象的でした。

毎日の授業で、時々混乱する頭の中を整理し、考えながら聞いていましたが、正直に言って、子どもたちの発言についていくのに、目の回る思いでした。帰ってからも教科書を広げて復読しましたが、読みとりの難しさを実感いたしました。

「かしこい子」に育てるのは、毎日の生活で親と子のふれ合いの中で芽生えさせていかなければならないんですね。

子育ては仕事の片手間にできるものではない、とおっしゃる先生の言葉がつくづく思い出されました。仕事の合間に、授業を拝見しに通ったかいがありました。　（Ｉ）

Ｉさんも家へ帰って教科書を広げて、授業を楽しんでいます。

子どもの発言に目を白黒させたり、子どもに打ち負かされて、ようし明日こそ……と思ったりするのは、教師の一番の楽しみであり生きがいでもあるのですが、Ｉさんをはじめ何人かの方はそれを少しは味わったようです。（センセは安月給だけど、それがあるからやめられないんですよ）

授業をみていて、一つの文章の中に含まれているさまざまの要点を深く追求して学ばせることのむずかしさをしみじみ感じました。大勢の子供たちを、物語の中に引き込んで、意見を述べさせながら本筋を考えさせる授業に感心しました。と同時に、私は、自分が非常に怠慢なのに気がつきました。物事を深く考えていく力を養う面を育てるのは、日頃の生活の中で培われていくのだなあと感じました。家に帰って子どもに「先生の授業に心を動かして入っていく子は、幸せね」と言いました。「国語の時間はたのしいよ」といつか言っていたからです。でも、どうもまだ深く読みとって考えることに喜びを感じるのが充分ではないようです。

何年か前に読んだ本に、D・H・ロレンスが幼いころからいつも目にしていた母は、ゆり椅子にゆられながらいつもいつも本を読んでいる姿だった、と書いてありました。これは、ロレンスが文学に目覚めるための、一つの要素だったのだろうと思います。今後の子供とのかかわり合いかたを考えていかなければと、反省した次第です。（J）

ちょっとお世辞かなあと思うところもありましたが、お子さんが、深く読みとって考えることに喜びを感じるのが十分ではないというのは、個人差があるといっても、私の責任です。もう一年になりますから。私は授業をするとき、中ぐらいの子を対象にしたり、低い所に焦点を当てたりしていません。低い子・浅い子をできるだけ引き上げようとし、高い子はより以上に引き上げようとしています。どの子も、その子の持つ可能性を能力いっぱいに引き出そうとしています。

授業の途中まで目を輝かしているのですが、途中からしぼんでしまう子も確かにいます。でも、その子も、自分の能力いっぱい学習したのです。

私がもっと努力して力をつけて、ご家庭でも、感じる心や感動する心を助長してくださり、両面から育てていくことで深く考えられる子にしていきたいと思っています。


毎回出席できませんでしたが、子供たちと一週間ともに学ばせていただきました。同じ文章を読んでも、子供たちがそれぞれ違った発想や考え方をすることが分かりました。

これは余談になりますが、先日の懇談会のとき、先生が、六年生になったら「智恵子抄」を取り上げたいということでしたので、それを子どもに話しました。そうしたら子どもが興味を持ったので、紅い表紙だから出して見てごらんと言いました。子どもはさっそく出して見ていました。しばらくしたら、笑い声がしたので、見てみたら、本はとんでもないところにほうり投げて、「ドラえもん」を読んで笑っていたのです。

先生の組にはこんな子もいますよ。先が思いやられますね。（L）

おもしろいですね。短い文章ですが、お子さんの様子が目に浮かびます。それを（L）さんがシンコクに受け取っていないところがまた、いいです。

たくさんの「感想」をありがとうございました。勝手なことを書き加えたことをおわびします。

また、ぜひやってほしいという希望が、かなりあったこともお知らせいたします。

音楽　体育
家庭　図工
漢字書取

■音楽は本能

クラスの中でお互いに信頼し合い、自分と異なる意見を認め合って、尊敬し合うようにならないと、いじめのないクラスや学校はできない。そのためには、いい授業をするのが遠回りなようでいて、一番の近道なのだということを、算数と国語を例に説明してきた。

これまで述べた授業がいい授業といえるかどうか疑問であるが、私が一生懸命取り組んだ結果として、あるいは記録として掲載した。専門的なところもあったので、教師以外の人には解りにくかったかもしれない。

ここから音楽や体育の話をしようと思う。

何しろ「音楽をする」のは人間の本能だから、嫌いな子が一人もいないのがいい。大人もそのはずなのだが、本能に逆らって嫌いだという人がいたとすれば、今まで生きてきた過程で、何らかの原因があったからである。それが学校にあったとすれば、悲しい。

巷でよく聞くのは、学校の歌はキライ、だが音楽は好き、または大好き、という人が多いことだ。どうして「学校音楽」は嫌われるのだろう。

中学校を卒業すると、ギターをかき鳴らし、ドラムをドンドン・シャンシャン叩いて、「学校音楽」の腹いせのように、大声で歌うのはなぜだ。

それは、子どもたちが校庭で遊んでいるときに出すような声や、サッカーや野球の応援のときに出すような声で、学校では歌わせないからなのだ。

私は小学校へ就職してからずっと、子どもたちに、校庭で遊んでいるときのような「大きな声」で歌わせていたのだが、そうすると、音楽の先生（専科の先生）たちに、「貴方の指導している子どもたちの声は、頭声発声ではない。地声だ」と何度も言われたのである。

私は、「頭声発声ではない。地声だ」という意味がどうしてもよく解らなかった。

私にそのように言う先生たちは要するに、ウィーン少年合唱団のような声で歌わせたいのである。そしてウィーン少年合唱団のような声が頭声発声で、それ以外は地声だと思っているのであった。

頭声発声の対象的な位置にあるのは、地声ではない。胸声発生である。

音楽学校（大学など）でそう教わってこなかったのだろうか。

私は音楽学校ではなく、普通の大学で教職員の単位を取ったが、頭声発声↕胸声発声と教わってきた。

今から何年か前にＮＨＫに「ららららクラシック」という番組があった。ある日、その番組に、「錦織　健」という著名なテノール歌手が出演していて、

「オペラで歌われる歌や合唱はみな地声ですが、裏声でもきれいなハーモニーができるんですよ。聴かせましょう」

と言って聴かせてくれたのが、ウィーン少年合唱団の合唱だった。

つまり、こういうことである。

頭声発声	⇅	胸声発生
地　　声	⇅	裏　　声

頭声発声…変声期前のすべての子どもの声。
　大人のソプラノやテノールも。
地　声……裏声以外みな地声。子どもも大人も。

変声期前の子どもには胸声発声はない。どんな歌い方をしてもみな頭声発声である。

裏声は訓練すれば大人でも子どもでも出せる。

ウィーン少年合唱団などは、宗教曲を歌うために、大勢の少年の中から選ばれて、寝食を共にしながら、裏声の特別な訓練を受けた子が歌っている。日本では弱い声（弱声）で歌わせてそれが裏声だと勘違いしている音楽の先生が大勢いる。

このことは、日本中が間違っている恐れがあるかもしれないから書いておきたかった。

ちょっと専門的過ぎたが、飛ばして読んでくださってよい部分だ。

小学校や中学校で音楽や図工や体育の勉強をするのは、将来音楽家になるからではないし、絵を描く専門家にさせるためではない。人が持って生まれた可能性や能力を引き出そうとするとき、他の教科では引き出せないもの、音楽科でしか引き出せないものを引き出す、図工科でしか引き出せないものを引き出すためである。体育科も家庭科も同様である。

音楽科で言うと、たとえば、

①「作曲家や作詞家が表現しようしたことに近づいて、あるいはその音楽の中に入って音楽的な、芸術的な感動を体験すること」

②「美しいものや、快いものに憧れを持つこと」

③「みんなで心を合わせてつくり出す、ハーモニーを味わうこと」

④「声を出すことでストレスを発散し、さっぱり、スッキリすること」

その上さらに私が一番大事にしたことだが、

⑤「一人の子が欠席しても、そのパートが弱くなることから、友達の存在の大切さを実感する」

ということである。

だから、いじめのないクラスを作るには音楽は欠かせない教科なのだ。

私はこのような目的を持って授業をした。私には、上手に歌わせようとか、きれいに歌わせようという目的はない。もちろん、下手よりは上手な方がいいに決まっているが、それが目的とか目標ではなく、それはあくまでも結果に過ぎないと思っている。つまりカンナ屑の方なのである。

そして、ぜひ知ってほしいのは、ウィーン少年合唱団のような裏声の歌は「きれいだね」とか「上手だね」といわれるが、「すごい」「感動した」とは言われないものだ。ところが、外で遊んでいるときのような地声で歌うと「すごい」「感動した」「鳥肌が立った」などと言われることがあるのだ。

子どもたちを音楽嫌いにさせるなんて、なんともったいないことであろうかと思う。

最近、担任の先生に代わって専科の先生がすることが多くなったが、やはり子どもを知っている担任の先生がした方がいい。ピアノが弾けないことなんか少しもハンディじゃない。

自慢じゃないが私は全然弾けない。大事なのはこの曲をどう歌わせるかである。つまり曲の解釈である。音符や言葉を一つ一つ吟味して、教師が音楽を感じ、それを子どもたちにどう歌わせるかである。

わたしが受け持った子どもたちは一人残らず、音楽…特に合唱が大好きであった。

五年生を受け持った時一人の男の子が、授業が終わって帰り支度をしたあと、「先生、お願いだから、さよならする前に一回だけ『流浪の民』を歌おうよ！」と言ったことがある。そして三部合唱をして、ようやく満足した顔になって「さよなら」をしたことがあった。

皆さんは、外で大声を出して遊んでいる子どもたちの声を、「元気で、はつらつとした、いい声だなあ」と感じたことがないだろうか。私は子どものそういう声を生かそうと努めてきた。

■授業の三段階

跳び箱がとべなくても立派な主婦になれるし、会社員にもなれる、と言ったが、それではなぜ学校で体育なんかするのだろう。

授業には奥行きが三段階ある。体育の跳び箱を例にとると「跳び箱がとべるようになった」というのが第一段階である。これはまあ、できてもできなくてもいいようなものだ。早い話が「カンナ屑」である。

大事なのは第二段階の方である。こちらは、助走から着地までの中で、跳躍力や腕や足の筋力をつけたり、自分の体をコントロールすることを覚えたり、とっさのときに正しく手をつくことができるようになったり、しなやかに体を動かすことを身につけたりすることだ。こういうことが少しでもできるようになったり、あるいは少しでもそれに近づいたりする方が、単に「跳び箱がとべた」ということより、価値があることである。跳び箱をとべたことよりこれから生きていく上で大切なのだ。

このようなことを身につけさせるには、子どもたちに勝手に、自由にとばせているだけではだめなのである。教師が一人ひとりの子どもを見て、的確な指導をしなければならないものである。私も、そして、これを読んでいるあなたも、「何段の跳び箱がとべたか」で評定されてきたと思う。正しい指導を受けた覚えもないのに、何段かを「とべた」「とべない」で差別（区別ではないような気がする）をされてきたのだ。

体育の授業には、さらに三段階目がある。

クラスを受け持った初めのころ、「みんなこっちへ来なさい」とみんなを集め、「この子の足はとってもきれいに伸びてるよ。見て」と言って、その子にやってもらおうとすると、その子は照れくさがって、いやそうな素振りを見せたりするのだ。ところが、何週間か経つうちに、平気で見本を見せるようになり、みんながその子から学ぼうとするようになる。やがて、お互いが教え合ったりするようになるし、今までできなかった子ができるようになると、周りの子が拍手したりするようになるのだ。

また「先生、◯◯ちゃんができるようになったよ！」と、自分の事のように喜んで、知らせに来るようにもなるのである。

体育でも、友達と一緒だと楽しく勉強できるのだということを学ぶのである。

■可能性を引き出してあげて

> 私は体育が大キライです。体育は運動神経の良い人にとっては楽しく感じるようですが、私のように運動オンチの人にとっては、恥さらしの舞台以外の何物でもありません。教師はそのぐらいできて当たり前のように言うし…。恥をさらしながら、苦痛を感じながらする運動なんか絶対に必要ありません。そして、体育教師はうまい人ばかり褒めないで、熱血せず、体育が苦手な人の気持ちを考えてください！　（以下略）

これは札幌の女子高校生が、ある新聞に投書したものの要約である。この高校生は小学校以来、体育の「授業（ほんものの）」を受けてこなかったのだろう。

この子にもきっと体育の隠れた可能性があるはずだが、本人もそれに気づいていないし、教師もそれを引き出していないのだ。この本の読者にもこういう人がいるかもしれない。私もそうだったから。

私が五年生を受け持った時、同じ学年に体育系の大学を出た若い女の先生がいた。その先生と校庭の鉄棒を半分ずつ使い逆上がりの授業をしたことがあった。

彼女のクラスにどうしても逆上がりのできない一人の男の子がいた。体育の得意な先生は自分が簡単にできてしまうから、「どうしてこんなことができないのだろう」と思ってしまうようだ。

私のように体育が苦手だったものは、子どもが跳び箱の前に立った時の恐怖心も実感できるし、逆上がりなど、できないのが当たり前だという思いがある。

その子が私のクラスに近い、端の方へ来て一人で練習し始めたので、隣にいた先生も呼んで二人でしばらく見ていた。

子どもは鉄棒にしがみつくようにして回ろうと頑張っていた。

その子の様子を見ていて、一つ気づくことがあった。そこで私が「あごを引かないで、頭の後ろの空を見ながらやってみて」と言った。

先生にも手伝ってもらっているうちに、やがて逆上がりができるようになった。逆上がりのできない理由はたくさんある。その中の一つがたまたまその子に当てはまったのだが、逆上がりにも教材解釈が必要なのだ。それと同時に、一番大事なのは子どもの体と、心を、よく見通すことである。

この投書の高校生は、将来先生になったら、体育の指導の上手な先生になるだろう。

■歩き方といじめ

長い間教師をしてきて、体育で何が一番難しかったかというと、「歩く」指導であった。信じ難いことかもしれないが、本当のことである。

まず、大勢の注目を浴びる中を独りで歩くところをイメージしてほしい。恥ずかしいし、照れくさいものである。どうしてもうつむいて、小走りになりがちで、誰かの後ろへついて歩きたくなる。あるいは強がってヤーさんの歩き方に近くなったりする。

子どもが大勢の目を意識しないで堂々と歩くためには、その子の心が、あらゆるものから解放されていなければならない。

そういうクラスはどんなクラスかというと、いじめなどのないクラスである。

卒業式や運動会などで子どもの歩き方を見ていると、そのクラスの学級経営（ちゃんと「授業」が成立しているかどうか）が判るものである。

違う言い方をすれば、いい歩き方をするには一人ひとりに自信を持たせ、お互いに認め合う（意見が違っても）クラスを作らなければならないということである。

技術的にいうといい歩きは腰で歩く。腰を後ろに残さないで、腰、背骨、頭の線を上に引き上げるようにして歩く。

北海道の定時制の、ある高校に行ったら、そこの高校生たちが、とてもいい歩き方をしているのを見た。

体育館をただ歩いているだけだったが、背筋を伸ばして、遠くを見て、自分が高校生であることに誇りを持って歩いていた。

私は歩いている生徒たちの心の中に入って、しばらく見とれていた。

話はがらりと変わるが、若い女性がハイヒールを履いて歩くときは気を付けた方が良い。腰が下がって、ひざが曲がるのだ。美しい歩き方をしている人は五十人に一人いるかどうかである。

内緒で、いいことを教えよう。オシリの穴を意識してキュッと締めて歩くのだ。それだけでもずいぶんいい歩き方になる。やってごらん。ウソじゃないから。いじめのないクラスづくりとオシリは、まんざら関係ないわけじゃない。

今後、美しい歩き方の女性を見たら、この本の読者だと思っていいかも…。

■家庭科のねらい

この本の最初の方で、「家庭科はほとんどの人が間違って理解している。家庭科を裁縫科や料理科とだと思っている」と書いた。その一例をあげる。

家庭科では「煎茶を淹れる」という授業をします。「淹れる」は「入れる」と違い、ゆっくり蒸すという意味です。沸騰したお湯を冷まし、茶葉をしばらく浸して蒸らすわけです。先人の知恵の蓄積が食文化を作っています。

子どもたちは興味津々で、真剣に取り組みます。授業後に「家でもやってみた」「お茶っておいしいんだ」と報告してくれる子どももいます。「家でもやってみた」と言ってくれる子どももいました。家庭科はやはり実践的にやってみることが第一です。以前、私は授業で靴下やズボン、シャツ、パンツのたたみ方もやりましたが、今は「パンツ」は難しいかもしれません。

また、ご飯を炊いたり、みそ汁を作ったりすることは、食を考える基本でもあります。自分で作ることも、たまには楽しいでしょう。（以下略）

二〇二二年七月二二日（東京新聞）

家庭科では、目玉焼きやみそ汁が上手にできるようになったか、裁縫箱を入れる袋が上手に縫えたか、ボタン付けがチャンとできるようになったか、ミシンの各部の名前を覚えたか、などで評価、評定されている。

ある先生が、「中学校では一学期にブラウスを縫わされて、その上手下手で点がつくから、小学校でちゃんとミシンのかけ方を教えてくれないと困る」と、一人のお母さんから言われたそうであるが、どう考えてもこんなことが家庭科の勉強とは思えない。こういうのは「裁縫学校」や「洋裁学校」のすることである。中学の先生の方が間違っている。

「家庭科」は「家庭のありかた」の勉強をする教科である。よい家庭とは「家族の喜びを二倍にし、悲しみを半分にする」ところだといわれるが、そういう家庭を作るために、自分は家族の一員として何をすべきか、を学ぶのが「家庭科」である。

先程の、お茶の淹れ方を教えたり、ご飯の炊き方やみそ汁の作り方を教えて、「自分で作ることもたまには楽しいでしょう」という先生のコラムは、小学生向きのミニ料理学校の一場面であって、家庭科の授業ではない。

小学生に縫物をさせると、目をそろえてまっすぐ縫うのは時間もかかるし、なかなかできないものである。私は、できなかったら何度もほどかせて縫い直しをさせる。見本を見せたいが私も上手にはできない。そこで、「今縫ったところの続きをお母さんに縫ってもらっておいで、お母さんが縫うときは必ず見ていなさい」と言う。

そこで、お母さんには、長い経験があるし、それなりの訓練もしているから短時間で、上手にまっすぐ縫うことができるのだなあということを学ばせるのである。

目玉焼きは大抵、作ったことがあるというし、簡単だと言う。だから私は、課題を出す。

「黄身は半熟に、白身は焦がさないように。黄身は白身の真ん中にくるように」と。

六グループのうち一グループぐらいで、まれに上手にできることがあって困ることもあるが、ほとんどはできない。

針仕事も、目玉焼きも、お母さんは短時間で簡単そうに、そして上手にやっているが、なかなかできないものだということを、身をもって学ばせたいと思っている。

子どもたちが「母の日」に「お母さんへの手紙」という題で書いた作文で、数人の子が、「お母さんの仕事はとても多く、毎日大変だということが家庭科の勉強でわかりました。これから、ぼくもできるだけ手伝いたいと思います」

というのがあって、私はとてもうれしかったことを覚えている。

小学校でも中学校でも家庭科は専科の先生がやるのが普通だと思われている。それが、そもそも間違っている。カンナ屑のほうを目的にしているのである。中学では専科制だから仕方がないが、小学校では担任がするのが一番適している。これらのことは文部科学省に責任があると思う。ぜひ、指導要領に家庭科の目指すものを解りやすく記載してもらいたい。

それから、今も、そして今後も心配に思うのは、お母さんが、本格的な目玉焼きができるのか、並縫いを子どもに見せられるようにちゃんとできるか、半返しだの本返しがちゃんとできるのか、それが心配である。

■図工も漢字も…可能性を引き出す

ある日のこと、地区の先生たちが大勢集まって、「教育研究会」が開かれた。

国語の分科会では、漢字の書き取りのことが話題になっていた。国語科は初めてだったけれど興味深そうだったのでそこへ入ってみた。

沢山の先生たちがいろいろ工夫していることが発表され、皆苦労しているのだなあと、私は感心して聞いていた。

漢字のしりとりや、迷路ごっこや、語源調べ（コメが異なると「糞」になる、などというバッチィのもあったりして）、さまざまな指導の苦心が発表された。

それらの実践発表に対して、参加者全員は順番に感想や自分の体験や実践を話すことになり、その室に最後に入った私が、一番最後に話すことになった。私は正直に、

「私は漢字を覚えさせるのに、そんなに苦労したことはありません。一学期も、新出漢字七十二個の一斉テストで、二人が一つ間違えましたが、ほかの全員が百点でした」

と言った。そうしたら、

「どんなやり方をしているんですか」

と訊かれたので、しばらく考えてから正直に、

「あんまり書かせないこと」

といったら、みんなでゲラゲラ笑いやがんの。

私の話を信用しないのだ。本当の話なんだけどなあ……。

この本を読んでいるあなたは信用しているだろうか。少なくともあなたには信じてもらいたいと思い、私の漢字指導の考えとその方法を述べようと思う。

「漢字を覚える」ことは子どもにとっても、指導する教師にとっても、時間のかかる厄介な事で、私自身も小学校時代に同じ漢字を二十個も三十個も書かされて、うんざりしたことがある。

一般に、漢字の習得は毎日の積み重ねや、反復練習が大事だと思われている。そして、熱心な先生は、毎日小テストをしたり、漢字練習ノートなどに宿題として書かせたりする。

私も十年余りいろいろなことを試した。そして、その結果はというと、百パーセント（百点）を取れる子は半数にも満たない。何より困るのは漢字の勉強が嫌いになってしまうことだ。それが将来中学へ行って、英単語を覚えるときに、苦手意識を持つことにつながってしまうのではないかと心配するのである。

私は二十年ほど前、漢字の勉強を変えようと思った。そのきっかけになったのは、図工の時間に「絵を描く」ことである。

子どもが学校で絵を描くとき、先生たちはみな「上手に描かせよう」と一生懸命である。

歌を歌わせるとき「上手に歌わせよう」と努力するのと同じである。

私は歌と同様に、絵を上手に描かせる必要はないはずだと思った。

ここは絵描きを育てる学校ではないし、画塾でもないのだから。

それ以来、私は自分なりに、絵を描かせる目的を次のように決めた。
一、物を正確に観る
二、色彩感覚を育てる
三、いろいろな色を混ぜてさまざまな色を作る
四、自分だけの色や形を創る
五、その過程で、美しいものを美しいと感じる心を育てる
六、友達の絵から学ぶ
そして、違うと思ったら同じ画面に何回でも描き直したり、塗りなおしてもいい。できあがった絵が真っ黒になってもいい。それは子どもが学習した結果として残った、カス・カンナ屑に過ぎない、ということである。

そうしたらどうだろう。興味深い絵・いい絵・おもしろい絵がいっぱいできたではないか。人に見せても恥ずかしくない絵ができたのである。

なんということだ。

このことを「漢字を覚える」という学習に当てはめると、「漢字なんか覚えなくたっていいじゃないか。必要なら辞書を見ればいいのだから。漢字の勉強では、

一、集中力を育てる
二、記憶力をつける
三、根気を養う

という目的をもって授業をしよう」

ということになる。私は半信半疑ながらそう決めた。

「漢字なんか覚えなくたっていいじゃないか」と思いを決めるのに一番勇気が要った。

最初にしたことは、黒板に二十個の漢字を書いて「三分間じっと見なさい。見ただけで覚えなさい」と言ったことだ。

子どもたちは今までになく集中した。こんなに集中するとは、なんとまあ予想外の三分間であった。集中力と記憶力をつけさせようとしたのは成功だった。

そして、すぐノートに書かせてみると、家で勉強していた子はもちろんだが、半数の子は十個ぐらいは書けたのだ。つぎに、

「だいたい一個十秒ぐらい見ただけで、半分も（あるいは五つも）書けたんだ、今度は、いま書

けなかった漢字だけを一個につき三つ書いて覚えなさい。二つ書いて覚えられる人は三つ書かなくてもいい。見ただけで覚えられる人はそうしていい」

とした。ここで大事なのは、一度書けたもの（合格したもの）はつぎに書かせないということである。

一般に教師は、偶然かけたのかもしれないとか、すぐ忘れるかもしれないと心配するものである。それが教師根性というものだろうと思う。子どもの可能性をもっと信用してあげるべきである。これは、私自身も体験し、反省したことだ。

最後の一個だけ残した子もいなくなり、全員が合格した後、

「じゃあ、もう一度二十個書いてみようか、どうだい」

と言った。もう一度腕試しだ。さあ来い！　ということである。

子どもたちは多少不安がある子もいたようだが、「いいよ」と言う。中には「ちょっと待って」と言って、ノートを見直す子もいた。

話は変わるが、私はこの自分流の方法を取り入れるようになってからは、子どもに、

「国語の勉強の中でいちばんやさしいのは、漢字を覚えることだ、ただ覚えればいいだけで、頭なんか使わないじゃあないか。むずかしいのは登場人物の気持ちを考えたり、情景を思い浮かべたりすることだよ」

と、漢字を覚えることに対する心の負担を少なくするように仕向けた。

そして、「漢字は学校だけで十分覚えられるから、家で勉強してはいけない」と言った。最初のころは「家では漢字の勉強をしなくてもいいよ」だったが、二、三年たって「してはいけない」と言うようになった。そういわれると、初めて受け持ったクラスの子どもたちは、最初は不安を抱いて「大丈夫かな」と思ったり、学校でうんと厳しくされるのかという心配を持って、単純に喜ばない子たちもいた。

このことは親にもはっきり言った。それでも、何人かの親は、「先生はああいったけど、やっぱり家でも勉強しなけりゃだめよ」といって、やらせたということだ。

もう一つ大切なことは、漢字を覚える勉強は大抵一つの教材の勉強が終わってからするものだが、私の経験によると、その教材での授業が充実していなければ、漢字を覚えるのにも積極的な気持ちになれないということだ。いい加減な授業をしていて、集中力や記憶力だけつけようとか、漢字だけ百点取らせようなどというのは成功しないものだし、欲張りであると思う。

つぎに、学期末のことだが、学期間の漢字二十個ぐらいずつの練習用のプリントを作った。

二十個全部覚えられたと思った子は、この用紙でテストしてみるのである。最初は一番下に書く。合っていたら、○をつけてあげるのではなく、一番上から赤線を引いてあげる。「君はもうこの漢字は覚えた、これにはもう用はない」という意味である。そして、一番下の列は、はさみで切って捨てる。

だから名前は一番上に書く必要がある。

そしてつぎは、「まちがえた漢字は、ノートに二個以内書いて覚えなさい、覚えたと思ったらテストの紙をもらいに来なさい」と言う。もちろん間違えた漢字をちゃんと教えてあげたうえでのことである。

ここで、ぜひしてほしいことがある。それは、止め、払い、はね、を厳しく指導することである。二十個の小テストのときも、払いが正確でないものや、はねがはっきりしないものなどは、間違いとするのである。それが習慣化すると、おどろくことに、字が正確になり、しかもきれいに書くようになるのだ。思わぬ副産物である。

これら、二十個ずつの練習テストは、教材ごとに一度覚えたものであるから、七十二個といっても三時間ぐらいで終わるのが普通である。それが全部終わったところで、いよいよ七十二個の漢字全部のテストをすることになる。

この本番テストを二回したこともあった。それは一人あるいは二人の子が一個か二個だけ間違えて、

「先生、お願いだからもう一度テストやらせて…」

と言ったからである。ほかの全員が百点をとったのに、一人もしくは二人だけとれなかったのはかわいそうだから、みんなにそのことを話して、もう一度したのであった。

学期末の親との懇談会のときに、

「全員が百点とったのですが、その中にはお母さんに言われて家で勉強した子もいたようです。

そのことをよく考えてください。家で何個も何個も書いて練習して百点とった子と、学校の勉強だけで百点とった子と、同じ百点ですが、どちらが集中力が育ったと思いますか。どちらが記憶力が育ったと思いますか」

と言った。そうしたら、二学期からそういう親がいなくなった。

あるとき一人のお母さんが、

「先生、うちの子がこのあいだ、学校から帰ってきて、すうっと自分の部屋に入ったきり、なかなか出てこないんですよ。何してんだろうと思ったら、かくれて漢字の勉強してたんですよ」

と言った。私は、

「すばらしいですねえ。先生にも親にもかくれて勉強しようとするなんて。まあだまっていてください」

と言った。

この子は今まで、一度も、漢字テストで百点をとったことがなく、親も自分もそういうものと思い込んで、あきらめていたらしい。だから、その子が百点とったときは、みんなが拍手してくれたのである。私から見ても、ちょっと感動的な風景だった。あの子にもそういう可能性が隠れていたのである。

みんなが百点をとった最初の年に、私はうれしいというより、子どもの可能性に驚いたのである。それで、今まですべてのことに逆のことをしてきたのではなかろうかと、不安と怖さを感じたのである。

漢字を覚えさせようと、やっきになってやればやるほど、子どもは漢字が嫌いになり、成果も上がらない。

漢字なんか覚えなくたっていいや、集中力や記憶力を引き出す授業をしようと、自分を変えた途端、子どもは苦も無く百点をとり、その上クラスの連帯感も生まれた。

はじめに述べた絵についても、結局はそうであった。

「ものをよく観る」を主な目標とする図工の授業では、葉っぱを一枚とってきて（柿の葉が一番良かった。季節のタイミングによるが）できるだけ詳しく描く。

色や形を正確に描く。自分だけの色を作る。これはとても良い勉強になった。それに、自然の美しさをも発見させることもできた。また、「○○ちゃんの絵をちょっと見せてもらって来て。ここの色の作り方の参考になるよ」と、お互いに見せ合ったり、助け合ったりさせた。そういう事を起点として、静物、風景、自画像なども書いた。

一見汚れたように見えたり、真っ黒になったように見えるが、人に見せても恥ずかしくない結果（作品）ができたのは、当然といえば当然だったと今は思っている。

評価・よい先生

これは、「教育とは何か」を追求するうえで、大事なことの一つである。

■テスト　評価　評定

この三つの言葉は、それぞれちがう意味を持つのだが、通常同じもののように遣われたり、扱われている。

テストという言葉も、いろいろな場面で遣われるし、いろいろな種類がある。たとえば、入学試験や入社試験。知能テスト。味覚テストや聴覚テストなどもある。そのほか、小手試しとか、下稽古や肩慣らしとかオーディションなども含まれそうだ。前述の漢字の勉強のときは練習のためのプリントもテストと呼んだ。

日本語では試験と言われるが、少し前までは考査といわれていたりした。

だが、これからいう「テスト」は、ある題材や教材の授業が終わったあとでする、ペーパーテストに限ることにする。

私はよく保護者に、「先生は、テストをしても点数を書いてくれない」と言われた。その質問に対して保護者との集まりのときに、毎年その理由を話したりした。

だが耳で聞くより、書いたものを配布して読んでいただく方が解りやすいし、家庭で話題にしてもらう方がいろいろな面で得策と思い、次のような内容のものを毎年プリントして配布するようになった。

先日、Aさんのお母さんに「先生はテストをしても、点数をつけてくださらないから…。どうして、つけてくれないのですか?」と言われました。

確かに私は点数をつけません。なぜかというと、点数なんか必要ないからです。テストをなぜするのでしょうか。それを考えてみましょう。

テストにはいろいろな種類がありますね。入学テスト、入社試験、知能テスト。それから「お見合い」。「お見合い」もテストのうちに入りませんか?

これから話す「テスト」は、学校で一つの単元や題材をひととおり勉強した後に通常行われるペーパーテストのことです。

たとえば、私が算数の授業をしたとします。そうすると授業が終わった後で、「ちゃんと解ったかなあ」と不安を覚えます。そこで、テストをしてみるのです。

その結果、「ウン、ちゃんと理解しているな。これならいいだろう」という場合もあるし、「七の段の九々をまだちゃんと覚えてないな」とか「繰り下がりのところでつまづいているな」とか「計算の間違いが多い。相当のあわて者だな」などと、いろいろなことが分かります。こういうことを「評価」といいます。一人ひとりのテストに価値づけをするからです。

そして、九々の不確かな子には、九々をしっかり覚えるような指導をします。繰り下がりの苦手な子には、教え直しをします。全体の到達度や理解が悪ければ授業をし直すこともあります。少なくとも、今後の指導に生かしていきます。

こういうことをするのに、なぜ点数なんか書く必要があるのでしょうか。

その代わり、テストをご覧になってお解りの通り、算数のテストには答のほかに式はもちろんのこと、計算もすべてテスト用紙の中に書くようにと言ってあります。そうしないと、どこで間違えたのか私に分からないからです。

このように「テスト」は「先生が自分の指導の成果を反省するため」にするものです。これは、中学校でも、高校でも同じです。

そしてまた、テストは指導した本人が作らないと意味がないものなのです。隣のクラスの先生が作ったテストやどこかの会社で作ったテストでは、自分の指導の反省ができないからです。担任の作ったテストでは視野が狭い、大きな会社のテストの方が一般に普遍性があるなどという人がいますが、それは間違っています。それは授業に普遍性がないことであり、授業の視野が狭いということです。

通りがかりの人に道をたずねられた時、教えたあとで、「ちゃんと分かったかなあ」と心配して、「わかりましたか?」と聞き返すでしょう。つまりそこに評価が介在しているのです。

いうだけ言ったらあとはわかろうとわかるまいと知ったことではない、という場合には「評価」はありません。

学期末になると通信簿（通知表）に「よい・がんばろう」などと段階を記入しますが、あれは「評価」ではなく「評定」といいます。

テストは評定のために、つまり通信簿（通知表）のためにするものではありません。前にも言ったとおり、先生が反省するためにするものなのです。ですから、「明日テストするから家で勉強してこい」というのは間違っています。家で勉強してきたら、先生自身の指導の反省にならないからです。

子どもは脅かさないと勉強しないからと言って、テストを脅かしに使うのは最低の先生のすることです。また、テストの成績が悪いからといって、子どもを叱るのは、主客転倒です。先生は自分を叱らなければなりません。

よく大人になってから、テストの夢を見る人がいるそうですが、もう見なくてもいいです。ちゃんと先生が代わりに見ますから。（たぶん）。

さて、なぜテストに点数をつけないか、わかっていただけたでしょうか？

「お見合い」などという言葉を遣っているのを見ると、これを書いた時代が判る。

評定欄で「よい」や「頑張ろう」の数は先生によって異なる。「よい」の多い先生は教え方が上手な先生だとは一概にいえない。基準を低くすれば多くなり、基準を高くすれば少なくなるからである。通信簿（通知表）の評定は、テストの流れの中からの借用である。

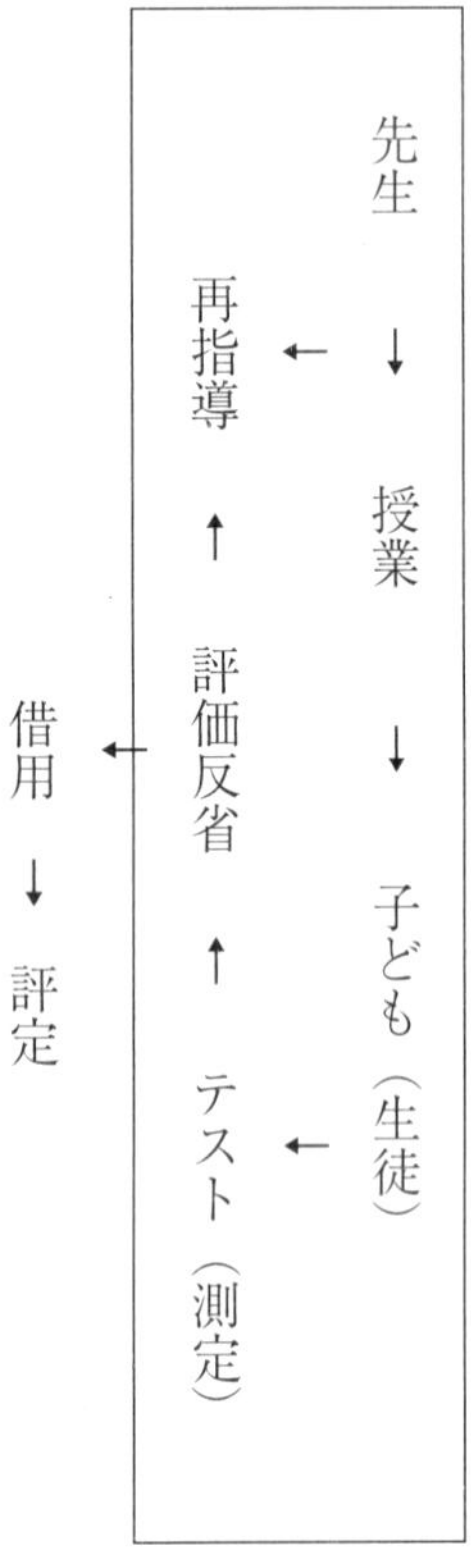

以前は、文部省発行の指導要領には「教師はたびたび評価を行い、指導の成果を反省すること」という、解りやすい一文があった。文部省は、ぜひ再載してほしい。この一文があるおかげで、テストを脅かしに使ったり、通信簿の評定のためにテストをするものだという誤解がなくなるはずである。

■通信簿（通知表）とはなにか

㈠

通常、保護者は「うちの子は学校でどんな勉強をしているのだろうか」とか「どんなことが解り、どんなところでつまずいているのだろう」「友達と仲よくできているのだろうか」「いじめられたりしていないだろうか」など、素朴な疑問や、広く心配をすると思う。

保護者はそういうことについて知る権利があるし、学校にはそういうことについて答えたり、あるいは知らせたりする義務がある。

それを担うのが通信簿である。

別な言い方をすると、通信簿は、子どもが到達した学業の成果や、行動などを含めた成長の成果を保護者に知らせるものである、といえる。

したがって、通信簿は学校から子どもにあげるのではなく、学校から保護者（を含めた家庭）に出すものである。

㈡

体育の授業でマット運動や跳び箱や鉄棒などを、時折声をかける程度で、ほとんど子どもに自由にやらせておきながら、学期末になるとノートや表を手にして、きちんと評価している先生を見かける。また、こんな例もある。通信簿の社会科の項目の中に「友達と仲よく遊べるか」というのがあったが、カリキュラムのなかにはそういう内容も時間も設けられていないのに、社会科の項目としての評定を書かなければならないのは、大変不思議である。

評価は、教師の指導の成果の反省のためにあるのだから、指導のないところには評価も評定もあってはならないものである。

また、指導とは、教師が、意図的に、計画的に実践したもので、成果があった場合のことをいう。だから、小言を言ったり、叱ったり怒ったり、命令したりしたことは指導とはいわないのである。

子どもは、鉄棒や跳び箱で自由に遊ばせておくと、いつの間にかできるようになったりするものである。だが、それを「指導したもの」と勘違いしてはならない。

よく「日本には教育はない。選別があるだけだ」という言葉を聞くが、そういわれてもしかたがないような有様はなくしていかなければならない。

㈢

通信簿と通知表という言葉も、内容（思想、概念）が違う。

通信というのは、一方的でなく、情報の交換という内容がある。

通知というのは、上部からの通知、お達し、お告げという一方的なニュアンスがある。

したがって、通信⇅連絡、通知↓お達しと受け止められる。

票と表にも意味の違いがある。

票は一枚のカードであるし、表は一覧表である。

簿は一学期に比べて二学期はこうだとか、一年生のときはこうだったが、二年生になったらこうなったというような、継続の中の、ある期間の記録、というような考えが入る。

以前は通信簿といっていたが、その後通知表というようになった。最近は「あゆみ」など地域によっていろいろな表記がされるようになった。

㈣

今までのことをまとめると、

㈠「学校が家庭に」という意味

㈡「教師の指導によって」という意味

㈢「通信簿」の意味

㈣「ある期間ごとに」という意味

これで、大まかな定義めいたことはお判りいただけたと思う。

最近、通知表のない学校ができたと新聞に出ていたのを読んだ。

通信簿をなくすると聞いて、私の経験からして心配なのは、先生たちがいい授業をして、子どもたちが「勉強大好き、先生大好き、学校大好き」になったのかな、ということである。

校長先生も先生たちも、可能性を引き出す教育（エデュケーション）を目指して実践し、保護者がそれを理解し、納得して、そういう結果ができたのであれば、大変いいことだと思った。

通信簿をなくして先生の仕事が少なくなってよかった、というだけでは困るし、それが「教育改革だ」と思われたらもっと困る。

「教育改革」というのは、教育（エデュケート）の内容の問題だからである。

これらのすべてのことが目標に近づいたうえで、通知表が不要になり、保護者の皆さんも納得されたのであれば、理想的だと私は思っている。

■私から見たいい先生

私が初めて一年生を受け持ったときのことだ。一学期の終わりごろに、ひとりのお母さんから、

「先生、うちの子は引き算が苦手のようです。ちゃんと教えてくださいませんか」と、さりげなく、そして当然のような口調で言われたことがあった。

「はい、分かりました」と、私はとっさに答えたが、ああいう言い方をされたのは初めてだった。一年生の親は、先生に言えば当然そうしてくれるものと純粋に思っている。

われわれ教師は、あるいは学校というところは、親から子供の教育を委託されている。そして、親たちが払った税金から給料をもらっている。だから、先生に対してあのような注文を出すのは当然のことだし、正しいことであろうと思う。

それ以来私は意識して、親のそういう依頼や注文をいっぱい出してもらおうと努めてきた。

親が「うちの子は○○が苦手のようです。解るように教えてください」と言った時に先生は「みんなに同じように教えたのですが…」と言うのは禁句である。もしそう言って親が口をつぐんだとしても、決して納得したわけではない。親はそれ以来先生を信頼しなくなる。

そういうことを言ったり、そういう風に考えたりする先生にはいい先生はいなかった。

だいぶ前のページに、人柄がよく優しい先生であっても、よい先生とは限らないと書いたが、授業で子どもを変えていこうとするような、優れた先生をつくり出すのは、学校や校長先生ばかりではない。むしろ、父母（保護者）の方々の方が、影響力を持っているように思う。そのために、これまで授業の話を書いたという理由もある。

ついでに、たまにしか学校へ行かない方に、いい先生とはどういう先生か教えてあげたい。一か月か二か月に一度はどこの学校でも、授業参観日があると思うが、そういうとき一番難しい場面の授業をする先生はいい先生である。

授業には、書く場面もあるし、読んだり調べたりしてそれを発表する場面もあるが、お母さんたちにあら捜しをされないように、絵を描いたり、書写の場面のような授業をして、子どもたちの間をぐるぐる回っている（専門用語でいうと「机間巡視」）だけの授業を見せたがる先生もいるが、そういう先生はいい先生とはいえない。

授業参観ではそういう場面ではなく、国語でも算数でも、子どもも先生も最も苦労するところを授業して見せようとする先生は信頼できる。

教室の後ろで、親同士がペチャクチャしゃべったり、自分の子が何回手を挙げたかだけに関心を持っている親にも問題があるけれども、親が関心を向けようとしない授業をする先生にも責任があるのだ。一年生であっても六年生であっても、観ている親も引き込むような授業をする先生はいい先生といえる。

「一年生ではそんな授業はできない」と反論がありそうだが、一年生を年端のいかない可愛い子ども扱いをしているとだめだが、一年生の発想の独自性と豊かさは先生をはるかにしのぐことを忘れてはいけない。やろうと思えばできるものである。

学校経営

■学校経営…良い学校を作る

今まで「よい先生」や「いじめをなくするには」や「よい学級経営」に関するさまざまなことを述べてきたが、その基となる、学校経営の大事さはとうぜんのことである。

学校経営の責任者は校長である。「よい先生」や「いじめ」の責任も、最終的には校長が負わなければならないものである。

校長の型（タイプ）にもいろいろあるが、大きく分けて三つあると思う。

一つは、かつての群馬県の島小学校や境小学校の斎藤喜博校長のように、校長が率先して、いい授業を知らしめ（指導をして）、優れた先生を育て、いい学校をつくり出していった、そういう校長先生。

二つめは、いい先生になろうと努力する先生たちの邪魔をしないタイプ。

三つめは、子どものためにならない提案をしたり、思い付きで学校を運営し、形式的なことに終始し、大事なことをすぐ忘れてしまう校長先生。

校長室でお茶を飲み、新聞を読んで、外へ出て植木の世話をして一日過ごすような校長は二、に属するが、邪魔をするよりはいい。

校長室にウィスキーを持ち込んで、校長室に鍵をかけて、教頭と二人で、先生たちに隠れてちびりちびりやる校長もいた。これは三、である。

もう一人、三の校長の経験がある。

私が新卒で初めて赴任した学校での出来事だが、ある日校長が、

「君はピアノが弾けるかね」

と声をかけてきたことがあった。私は
「弾けません」と答えると、「じゃあ教えてやろう。来なさい」と音楽室へ連れ込んで、自分でピアノを弾き始めた。どんな曲か忘れてしまったが、一生懸命弾いていたのだけは覚えている。そして「こういうふうに弾くんだ」と言われたが、私は困ってしまって何も言えなかった。ちょうどその時「校長先生ー、電話でーす」と職員室の方から事務職員の声が聞こえた。

私は電話が終わって校長が帰ってきたらどうしようか、なんと言えばいいのかと思案していた。「こういうふうに弾くんだ」と言われたって、「ネコフンジャッタ」ぐらいしか弾いたことがないのにと、困っていた。それから10分たっても20分たっても校長は現れなかった。30分位たっても来なかったので、私はそのまま音楽室から出てきた。

翌日顔を合わせても何も言われることはなかった。その次の日も、そのまた次の日もなんとも言われなかった。全く忘れてしまったのである。

私は、「忘れるということはすばらしいことだ」という格言が身に染みて分かったのである。

五年間一緒だったあの校長から学んだのは、その一つだけであった。

■学校における校長の責任とは何か

「責任がある」とか「責任を取る」という言葉をよく聞くが「責任」という言葉にはさまざまな意味がある。そのことが解ったうえでこの言葉を遣っている人は多くないと今まで感じてきた。自分でその言葉の定義をしっかり持たないで、その場だけの、自分の都合のいいように遣っていたように思う。

現在は、「責任」という言葉は三通りに遣われている。

一、「仕事」という意味で遣われる場合。

「校務分掌にある通り、運動会の計画を立てるのは君の責任だ」とか、「あなたは○○小学校の校長でしょう。校長としての責任を果たしなさい」というのがそれである。

この二つの例で遣われている「責任」という言葉は、そっくり「仕事」という言葉に置き換えられる。

なぜ「仕事」と言わずに「責任」というのか、

①「責任」という言葉の方が重みを感じさせるので、強調したいときに遣う。

② もともと仕事と責任は同じ意味を持っている。

といえる。たとえば、西洋には次のような言い回しのことわざがある。

Everybody's Business is Nobody's Business

これを直訳すれば、「みんなの仕事は、誰の仕事でもない」となるが、これは「連帯責任は無責任」と翻訳されるのが普通である。「Business」を「責任」と言い換えないと、日本語としては具合が悪い。これら、二つのことからも「責任を果たす」というのは、「与えられた仕事を最後までやる」と同義だと考えられる。

二、「責めを負う」という意味で遣われる場合。

自分が何か仕事をしたとき、うまくいかなかったり、期待したような結果が出なかったり、あるいは職員が何かミスをしたときなども、相手に謝罪しなければならないことがある。そのような場合、最終的に校長が管理責任を問われるかもしれない。

また、校内で起こった不始末のため、当事者ばかりでなく、校長が保護者から詰問されることもある。このような場合、校長は管理職として自ら「責めを負い」、最後まで後始末をしなければならない。謝罪し、処分を受け、詰問され、それに答えるなど、これらはみな「責めを負う」ことである。

三、「辞任する」という意味で遣われる場合一番多く遣われるのがこれである。

かつて、国政選挙で敗北すると「責任を取る」といって委員長が辞める政党があった。野党だったから選挙のたびに委員長が交替していた。あれこれ言い訳を考えるより、前任者に倣ってさっさと辞める方が簡単で、手っ取り早くて、一番楽な方法であるけれど、何の問題解決にもならない。

学校においても、不始末が起こった場合、それをできる限り快方に向けてから辞任するのなら責任を取ったことになるだろう。教育界では滅多にない話だが。

■民主的ということ

かつて日教組が強かったころ、校長の学校運営に対して、先生たちが「民主的でない」とか、「民主的に」など、そういう言い方をしたことがよくあった。

企業においては、社長や部長に対してそういう言い方はしないだろう。このように企業と比較してみると興味深く、いろいろなことが解る。

学校では、管理職（校長）と職員の両方が、民主主義の概念を自分たちの都合のいいように、勝手に理解をしているように見える。

先生たちが、校長の学校運営が民主的であるかどうかを判断する大まかな基準は、職員会議で何かを決めるとき、多数決で決めるかどうかという、単純な理由が主であった。校長もかつては組合員であり、同じ仲間であったのだから、管理職になったからといって、先生たちの言い分や、民主主義の認識の間違いを指摘することができないのは、無理からぬことである。

民主主義とか民主的とは何か、いうことを定義づけることは、われわれ日本人にとっては、かなり難しいことである。学校という切り口で考えてみても、「なんでも多数決で決めるのが民主主義だ」といえるほど単純ではないことは確かであるが、先生たちは自分たちに都合のよい場合には、多数決を押し通そうとする。これまでの様子を観察していると、やはり、なんでも多数決というのは間違っている。

学校という組織も含めて、私の思っている、一番確かな民主主義とは「責任の所在をはっきりさせる主義」だと思う。

第二次世界大戦を日本が仕掛けて、日本が負けた。そのときも、敗戦と言わずに終戦という言葉を遣った。日本人みんなが戦争の責任をあいまいにさせたがっているように思える。かつての日本はそんな風だったけれど、未だにそういうところが残っている。

福島に津波が襲って、原子力発電所が被害に遭った。津波が来る以前に、専門家が「もっと高い防護壁を考えないと危ない」と言ったが、発電所の社長をはじめ管理職たちがそれを無視した。

津波で大きな被害を受けた時、彼らは「責任は私たちにある」とは言わなかった。潔くなかった。あの様子を見ていると、民主主義はまだ20世紀のままだ。

翻って、民主主義の先輩であるアメリカ人たちはどうだろう。

昭和30年代の白黒テレビの時代に、アメリカの西部劇がよく放映された。そのころ「ローハイド」という番組があった。大勢のカウボーイが、なん百頭もの牛を引き連れて、長い距離を移動する物語である。

ある場面で、牧童頭のフェーバーが、以前にこのコースを通った経験のあるカウボーイを集めて言った。

「右の道を行けば目的地に早く着くが、途中に牛が飲む水がないおそれがある。水がないとたくさんの牛が死ぬかもしれない。今のこの時期に、このコースを通ったことがある者がいるか？左の道は水の心配はないが、遠回りで目的地へ着くのが遅くなって牛の値段が下がってしまうおそれがある。君たちはどちらがいいと思うか」

と、ひとりずつ、考えを聞くのである。そして、全員の意見を聞き終わると、

「分かった、ありがとう。では、こっちの道を行くことにしよう！」

と決断するのであった。

牧童頭はカウボーイを雇い、牛を遠くの市場まで運び、それを売って、カウボーイに賃金を払

い、残った金を雇い主に届けるというすべての責任を負っているのである。牧童頭はどちらの道を通るかを勝手に決めるワンマンではないし、多数決で決めるわけでもない。みんなの意見を聞いて自ら決断する。その代り最終責任は自分が負うのだ。カウボーイたちもそれが牧童頭の当然の仕事だと思っている。責任者にはそれ相応の権限がなければ最終責任はとれないものである。

私はこの場面を見ていて、なるほどと思った。

本物の民主主義を見たような気がしたのである。この場面はまさに、フェーバー校長が職員会議を開いたようなものだと思ったのである。なぜ学校に職員会議があるのか、職員会議には先生たちはどんな気持ちで臨まなければならないかが解る。

職員会議は原則として校長が招集するものである。一番大事なのは、校長がどんな態度で、どんな気持ちをもって職員会議を招集するのかが問われるということだ。

かつては「すべて多数決で私たちが決める。責任は校長がとれ」のような風潮があったり、それが民主主義であると思っていたり、あるいは「よしよし、皆さんでいいように決めなさい、責任は私がとるから」というのが大物校長だと思われていた時代も確かにあった。

アメリカの牧童頭は

『みんなで相談して好きなように牛を進めなさい。責任は私がとるから…』

とは決して言わないだろう。

■学校経営の成功

「学校経営がうまくいっている」という言葉はよく耳にするが、「学校経営に成功している」という言葉はあまり聞かない。この二つの言葉の意味は大きく異なる。「うまくいっている」というのは、「特別な問題もなく、無事に経過している」ということである。「成功している」というのは、「校長がはじめに目指した意図」通りに学校が進んでいるという意味内容を持ち、積極性が感じられる。

校長は誰でも教育長から辞令を受けた時は「こういう学校を作りたい」というビジョン・夢・抱負を持っていたはずである。「学校経営に成功する」というのは、校長が、自分の抱いているビジョンを職員に表明し、それを実現する方法を示し、同意を得ることから始まるものだ。「私はこういう学校を作りたい。こういうやり方で実現したいと思うので協力していただきたい」と、できるだけ具体的に話すことである。だがそこまで行くためには普段から職員の気持ちをつかんで、信頼関係をつくっていなければならない。それは、なんでもいうことを聞くということではない。「あの校長の言うことなら、従ってみよう」と思う信頼関係である。

だが、それが新着の校長の場合ならどうしたらいいのだろうか。私なら、やはり、はっきり正直に話すと思う。校長が、熱意をもって、正直に話すことによって、先生たちがたくさん質問をすることになるとしても、決して反対はしないと思う。だが、そこを詳しく考えようとすると、校長個人の個性や人格に関わってくることになるから、こうすればいいとはなかなか言えない。前述のように「私ならそうする」としか言えない。だが、その事と大きく関係することになるが、一般的な共通事項として、次のようなことが言える。

どんな教師でも、自分の本務は「授業をすること」だということは知っている。その上、自分の授業に対しては自信がなく、引け目やコンプレックスを持っているものである。そこで、校長はできる限り授業を観て回ることだ。それがどういう効果を持つかは体験しないと理解できないだろうが、口先でえらそうなことを言ったり、校長にたてついたりする教師が急減するのは事実である。なぜそうなるかはよく解らないが、案外単純な理由かもしれない。例えば「ふだんろくな授業もしていないのに、偉そうなことや、生意気なことは言えない」と思うのかもしれない。そういう時、「校長だってろくな授業しかしてこなかったじゃないか」と思われるようでは逆効果であるから、校長になる条件の一つは、「若いころは授業に打ち込んでいた」という事実が必要である。この部分は、教育委員会にも責任のあることである。

校舎を回り、授業を観る校長のいる学校は、校長と職員の対立は少ないが、校長が校長室にこもってお茶を飲んで、新聞を読んでいたり、単に、廊下を巡り歩いているような学校はその反対である。以前出会った校長は、ガラリと教室の戸を開けて入ってくるのはいいのだが、掃除道具を入れてあるところを覗いたり、あちこち隅々に目を光らせ、後で先生を呼びつけ、「棚の隅にゴミがたまっていた。雑巾が濡れたままで下に落ちていた。黒板の字が小さい…」などと小言ばかり言って、皆に嫌われていた。「授業」は全然観る気がないのである。これは最悪である。

私は校長として赴任した最初の日の、朝の打ち合わせで、

「校長の一番の仕事は、この学校の子どもたちの教育に責任を持つことだと思っています。そのためには校長室にこもっていては何も分かりませんので、できるだけ授業を観させてもらいます。『五分ぐらい見て何が解るんだ。それで、一時限の授業を評価されてはかなわない』という人がいますが、私は、少なくても五分見れば五分ぶん、十分観れば十分ぶん分かります」と言った。

それに対して、誰も、何も言わなかった。

前のページで「校長が、熱意をもって、正直に話すことによって、決して反対はしないと思う」と書いたことを実践したのである。あるとき、一人のベテランの先生が、「校長先生が教室に入ってくると、子どもたちが一斉に振り向いて授業が中断してしまいます」と言ったことがあった。私は、「私が教室へ入るのが珍しいからだよ。たびたび入るとそのうちに慣れて振り向かなくなるよ」と言ったら何も言わなくなった。

そのようなとき、こういう言い方もできる。「子どもが夢中になってテレビを見ているとき、お母さんが『ご飯ですよ』と言っても耳に入らないときがある。誰かが教室に入ってきても、授

業に集中していると後ろを振り向かないものだよ。そういう授業をしなさい」これはいじめに当たる恐れがあるので言わなかった。

子どもの欠点にばかり目を向けているといい子にならないという。これは子どもばかりでなく大人にも当てはまるから、校長は職員を（信頼はできないまでも）信用してあげることである。「期待する」といった方がいいかもしれない。

教師（教職員）の多くは、子どもたちの満足そうな顔を目当てに仕事をしているものだ。同時に「よくやった・よくやっている」と保護者や校長から認めてもらう言葉をも期待している。つまり、仕事を通して自己主張をしているのである。だから校長は、「給料をもらっているのだから、そのぐらいするのは当然だ」などと言わないで、彼らの気持ちを満足させてあげたいものだ。

■リーダーシップとはなにか

校長のリーダーシップというものは、校長の仕事のなかに含まれるものだが、校長個人の資質でもある。資質があって仕事に生かされるのは当然だが、その部分があいまいであるにもかかわらず、共通理解されているという前提でやり取りされている。役所であろうと企業であろうと元来管理職はそこで働く者へ方針を示したり、仕事を指示したり目標や日限を与えて激励、叱咤するのが職務である。古くは学校もそれと似たようなものであった。

先生という職業は残業が多く、自分だけ早く帰るという雰囲気ではなかった。回りの先生たちも遅くまで仕事をしていたからというせいもあったが、校長がいたからでもあった。そんな中である一人の校長のときだけ、退出の定時刻になると気兼ねなく帰ることができた事があった。

皆が決められた時刻になると、やり残した仕事を持って、さっさと帰宅したし、職員会議が時間オーバーになりそうになると、校長先生が一番やきもきしていたが、それには理由があった。

校長先生が定年間近で、定年後に備えて幼稚園を設立していたので、早く帰って園長の仕事をしなければならなかったからである。今考えると非常識なことだが、あの当時はなんでもなかった。おかげで我々は早く帰宅できることを喜んでいた。

今思うとまったく無責任な校長であった。リーダーシップなど、ひとかけらもなかったと思う。

現代の学校では、職員に、学級と校務分掌を与えて、しっかりやれと叱咤するだけでは学校は機能していかない。それならば、現代は校長のするべきこと、別の言い方をすれば、校長の姿勢として、どんなことが必要であろうか。
①「校長のリーダーシップ」というからには「全職員の先頭に立って、子どもたちの教育に取り組む」という、心構えのイメージがある。校長は、いわば学校という「教育推進委員会」委員長でなければならないのだ。

授業や行事、児童指導（中学においては生徒指導）などを職員に任せて、校長室にこもっていてはならないのである。

学校を職員任せにしていても、学校がつつがなく運営されていると、それがあたかも名校長のように評価されたり、理想の学校経営だと思われるようなことも昔はよくあったけれども、それは違う。教育界は動いていて、次々に新しい試みや新しい波が押し寄せてくる。最近、年配者がついていけなくなったのにＡＩがある。ＡＩはこれからますます発展していくものであるが、それが便利なツールではあるけれども、目的ではないので間違ってはならない。将来「ＡＩ科」という教科になれば話は別だが。

その上、変化の激しい社会の影響をたっぷり受けた子どもたちが毎年入学してくるので、「去年と同じように」とか「伝統にのっとって」と構えてはいられない。学校には「停滞」はない。昨年と同じことをしているのは「退歩」である。

②校長は学校運営の渦の中に入って、推進の先頭に立たなければならない、最も大きなことは、子どもたちが、どういう教育（エデュケート）の授業を受けているかを把握し、必要な手立てを講じていかなければならない。

こういう点は役所とは違う、むしろ、一般の企業に近いかもしれない。企業でも管理職が現場に入って先頭に立つと、部下のやる気を刺激したり、あるいは、部下との対立をなくして、仕事の能率を上げる場合もあると思う。本田技研の本田宗一郎社長は時間の許す限り現場に入って、若い技術者と議論をしていたといわれる。現に、私もそういう場面のビデオを見たことがある。

③学校は地域とのつながりや、父母とのつながり（関係）も大切である。それらのすべてにかかわっているのが校長である。そこでも、校長のリーダーシップが必要とされる。

④現代の校長の新しい視点は、先生たちを「エデュケートを理解する先生」に育てるということである。今までにも先生を育てるということがなかったわけでもないが、今までは校長が命令することで、学校が動いていたし、それで十分だった時代が永かった。

現代の教師たちは、多様な価値観を持ち、良しにつけ悪しきにつけ、自分で考え、自分で創造しようとするので、その一人ひとりを見極めて、能力や可能性を引き出し、育てていかなければならない。それが現代の管理職の大事な仕事なのだ。つまり「校長のリーダーシップ」を発揮する場面なのである。私の経験から思うのは、一番難しいのは先生を指導することである。

学校でする仕事は「教えることだ」と思っている先生たちを「教育は教えることではない。子どもたちの可能性を引き出す授業を、日々することだ」と、どのようにして指導していくのか、今までの「常識的な先生たち」を「エデュケートの解る先生」に変えていくにはどうすればいいのか、とても難しい。そういう私の苦悩がこの本を書かせた理由である。

「校長のリーダーシップ」という言葉は安易に口にできないほど困難で、深い。

■教頭を育てる

教頭が校長に批判的な態度をとると、職員が校長を軽視したり、校長に反抗的な態度をとるようになるものだ。

私がかつて勤務していた学校に、たしかに言動に一貫性のない困った校長がいた。その教頭は、あからさまに悪口を言うのではないが、独り言のようによくボヤいていた。

われわれも「教頭先生がボヤくのも無理ないよ。あの校長じゃ」と賛同もしていたが、その教頭に対してもいい感じは持たなかったのである。そうしているうちに、いつしか管理職とわれわれの間に溝ができてしまった、という経験がある。

職員は無意識のうちに、管理職に対して指導性（リーダーシップ）を期待していて「うちの管理職は立派だ」という誇りたい気持ちがあるものである。それは、内心持っている「うちの管理職は立派であってほしい」という願望の発露ではないかと思う。ところが一方の管理職である教頭が、校長に批判的であることは、われわれ職員の気持ちを裏切ることにもなるのだ。

それは、Aさん個人に対してBさん個人が反抗しているのではなく、「校長という役職」に対して教頭が反抗しているのであり、職員もそのように認識する。そうなると職員は、校長という役職に対して、敬意も尊敬もはらわなくなる。

教頭は「校長を助け、校務を整理する」のが本務であるから、いかなる場合でも校長を助けなければならないのは当然であるが、「助ける」というのは、一から十まで意見を同じくしなければならないということではないし、何事にも従順なイエスマンたれということではない。「助ける」の内容は、たとえば、校長があることを「月に二回実施したい」と言ったとき、教頭は「〇〇という理由で一回の方がいいと思います」と言うのはよい。教頭の意見からなるほどという意見が聞けるかもしれないから、意見を言うのはかまわない。だが、なお校長が「やはり月二回にしよう」と言った場合、教頭は自分の意見と違うとしても校長案の実施に向けて、万難を排して職員の説得などの努力をしなければならない。それが「校長を助ける」ということである。

ただし、その結果がどうなっても、責任は校長にあって、教頭にはない。

教頭が、校長個人の人格にではなく、「校長という役職」に敬意と尊敬を示すことが、職員にも同様の認識を持たせるのである。このことが教頭に理解されない限り学校の運営が正常にできない。校長が何でも教頭に打ち明けたり、あるいは相談したり、すべてを任せて一日中出張したりはできないのである。

教頭は校長より職員とのかかわりが濃い。こればかりは校長のかなわないところである。そこで、教頭が校長の意をくんで、学校運営上の大事なことを職員に「事前の説得（根回し）」をしてくれるようになったら、完璧な二人三脚といえるだろう。

■職員のほめ方叱り方

今までに多くの校長に出会ったが、叱るべき時にきちんと叱らないで、陰でぶつぶつ文句を言う校長も何人か見てきた。平教諭の私にまで「あの先生は困ったもんだよ…」とこぼすのだ。みっともないと思った。陰で悪口を言ったり、見て見ぬふりをしたり、教頭に言わせようとするのは卑怯だと思った。私は職員を叱る場合は誰もいないところで、校長が叱るべきだと思う。

むかし、静岡の清水に「次郎長」というばくち打ちの親分がいて、大勢の子分を持ち、「海道一の親分」と言われていた。明治に入ってから、ある人が親分に訊ねた、

「親分。あなたは大勢の子分を持っていたそうだが、子分をまとめるコツはなんですか」

すると親分は、しばらく考えていたが

「子分を叱るときは、決して人のいる前では叱らなかった。誰もいないところで叱って、言い聞かせていた」

と言ったそうである。それを応用するのだ。若い先生を叱ったりするような嫌な役目は、校長の仕事である。教頭にやらせようと考えてはならない。

職員をほめる場合は、校長が直接ほめるよりは、人づてに聞こえるようにするのがよい。直接ほめるのは双方ともテレくさいし、お世辞のようにも聞こえるし、駄目なものだ。それより、

「校長がほめてたよ」と他人から聞く方が一層気分がいい（効果がある）ものだ。

その一番の適任者が教頭なのだ。校長が「今度○○さんにさりげなく言って置いてよ」などと言わなくても、校長との日常会話中で、そのような言葉を耳にしたら、「校長先生が褒めてたよ」と言えるように教頭を教育することである。これは学校運営上の教頭の大事な仕事の一つである。

さらに、学校運営のことをいつも頭に置いて校長を助けていた一人の優れた教頭がいたが、彼はその必要があると思われる職員に、「あまり校長にたてつくと、特別昇給をもらえないよ」などと、さりげなく脅しをかけていた。その職員が私のところへ「先生、ほんとうですか」と訊きに来たので判ったのだった。特別昇給の条件は「成績優秀な者」であるから、いつも校長にたてつくような職員はもちろん該当しない。その後その職員は少しずつ角が取れていった。

この教頭のえらいところは、私に言われたからそうしたのではなく、私の先を読んでいたところである。賢く、頭のいい教頭に付き添われた校長は幸せである。

今までのまとめ

あとがきに代えて

なぜこの本を書こうと思ったかについては、６ページ前の「校長のリーダーシップ」のところにも書いた。

一つは、日本の教育は間違っている。できるだけ早く学校教育を改革し、改善しなければならない、ということ。

二つ目は、先生は誰でも「いい授業をしたい」と思っている。それを手助けしたい、ということ。この本を読んだらいい授業ができそうな気がしてきたとか、お前の授業が必ずしもいい授業とは思わないが、ヒントはつかんだ、勇気がわいてきた、と思ってもらえるだけでもいいと思っている。

私は現役のころ（若いころ）は大勢の子どもたちが「はい、はい」と手を挙げて、スムーズに進む授業に憧れ、そういう授業がいい授業だと思っていた。ところがある日、ある学校で、先生が発問に困って何度も授業が止まり、あっちへぶつかり、こっちへぶつかって、子どもたちに助けられながらようやく一時限が終わったという授業を観たことがあった。先生が発問に困っていると、子どもたちが勝手に意見を出し合って授業を進めるのである。先生は黒板の端っこに立って、ハラハラしながらその様子を見ているのである。私は「これは、子どもの心を動かす本物の授業だ」と気づいて、心打たれたのだった。「よくこんなクラスを作ったなあ」と感動し、「こんな授業は初めて見たなあ、すごいものだなあ」とも思ったのである。

それ以来、授業とはなにか、を考えるようになった。先生と子どもと本気でやり合うことを経験すると、授業がおもしろくなってきたのである。そうしたら、いろいろなことが解ってきた。

教職を離れてずいぶん経つが、今になってようやく、この本を書く気になった。

ここから、「あとがき」らしくない続きを書く。

いままで、エデュケーションと教育は違うものである。「可能性を引き出す授業」をするのがいじめをなくする近道なのだ、と言ってきた。そういう授業をするには教材解釈がなければならないとも言った。だが、教材解釈というものは、教科書とにらめっこしていても出てこないものである（ベテランの校長先生でもよく分かっていないという例も挙げた）。

教科書の教師用指導書には「解説」は載っていても、「解釈」は載ってないので、少しでも授業に役立てばいいと思い、教材解釈の例をいくつかあげたが、もう一つ「白い帽子」をとり上げてみたい。

前にも言った通り、これは、正しい解釈というわけではない。私がこの教材で授業をするとしたら、こう解釈してやるつもりだ、あるいはこういう解釈もあるよ、ぐらいに受け取っていただきたいと思う。これを参考にして自分の解釈を探し出し、創り出して、いい授業をしていただきたいと思うものである。

・・・

ある先生が、「道野辺のむくげは馬に食われけり」という芭蕉の句を授業で扱うことになった。一読してわかることは、江戸時代のことであり、馬がいることから、道は舗装されていないし、道幅もそんなに広くはない。家はまばらにしかないだろう。

それでその先生は、芭蕉はこの情景をどこで見ていたのだろうと思った。

道端の茶屋の床几に腰かけていて見ていたのか、その馬とすれ違いざまに見たのか、馬に追い越されたときに見たのか。それから、その先生は、ひと晩中考えて、

「そうか、芭蕉はこの馬に乗っていたのだ」

という解釈にたどり着いた、という話を聞いたことがある。

そう解釈して初めて「この瞬間は芭蕉にとっては思わぬ事件だったのだ」ということが解る。「馬がいきなり首を伸ばして」パクリとやったとき、芭蕉も少しはつんのめったかも知れない。ぼんやりと前を見ていた芭蕉は、きれいに咲いている花がいきなりパクリと食われた様子に、無残さを感じたのかもしれない、などとその時の様子が、読む人にイメージできるのである。

残念なことであるが、私なら一晩中考えても、その解釈にたどりつけないと思った。

教材解釈というのは、そういうものである。

教材解釈例

白いぼうし（四年）

「これは、レモンのにおいですか？」

ほりばたで乗せたお客のしんしが、話しかけました。

「いいえ、夏みかんですよ。」

信号が赤なので、ブレーキをかけてから、運転手の松井さんは、にこにこして答えました。今日は、六月の初め。

夏がいきなり始まったような暑い日です。松井さんもお客も、白いワイシャツのそでを、腕までたくし上げていました。

「ほう、夏みかんてのは、こんなににおうものですか？」

「もぎたてなのです。きのう、いなかのおふくろが、速達で送ってくれました。においまでわたしにとどけたかったのでしょう。」

「ほう、ほう。」

「あまりうれしかったので、いちばん大きいのを、この車にのせてきたのですよ。」

信号が青に変わると、たくさんの車がいっせいに走り出しました。その大通りを曲がって細いうら通りに入った所で、しんしはおりていきました。


ここまででも、はっきりさせたい事がたくさんある。

最初の「これは」というのは何を指しているかということ。

二つ目は、松井さんは夏みかんをどこに置いていたのか。

三つめは一番大事なことで、松井さんはどうして車（タクシー）の中に夏みかんを持ち込んだのか、ということである。

お客のしんしの最初の発言は「これは、レモンのにおいですか」ではないはずで、まず最初は行き先を言ったに違いない。それからゆっくり腰を下ろして「おや」と思ったのである。あるいは、片足を車に入れた時、においに気づいたのかもしれない。

松井さんの親切というか、計画的親切心からすると、松井さんは「お客さんがにおいに気づいてくれるかな」という期待感があったはずである。

しんしが車に入って、行き先を言って、ちょっと間があって、それから、「これは、……」という質問があったわけである。松井さんはどのぐらい期待していたのかということもあるけれども、(仮に期待していなかったとしたらなおさら)、とてもうれしかったに違いない。

お客さんによっては、においを感じていても、何も言わない人もいるだろうから、はっきり言葉に出して言ってくれたわけだから、きっとうれしかったのは間違いない。そのことは、お客さんの質問にすぐ答えないで、ブレーキをかけてちゃんと車を止めてから、「夏ミカンですよ」とにこにこして答えた、という間のとり方からも解る。

松井さんがなぜ車にミカンを持ち込んだかの理由にもつながるし、なぜ見えないところに置いてあったかにも関係があるだろう。

松井さんが車に夏ミカンを持ち込んだ理由は二つある。

たくさんのお客さんが乗り降りする車だから、いろいろなにおいがするだろう。そういうにおいに置き換えて、初夏のにおい・夏ミカンのにおいをサービスしたい、という気持ちと、もうひとつは、お母さんの気持ちのこもったミカンを、家に置いておくだけでなく、身近にも置いておきたいという気持ちである。

授業においては、松井さんとしんしのやり取りを、子どもたちに、身近に見せてあげたいと思う。つまり、子どもたちをしんしの隣に座らせる授業をしたいのだ。

そのためには、どこで、どんな発問をしようか、と考える。しかも、どとなのつかない発問を考えなければならない。考えることがたくさんある。だから教材解釈は楽しい時間である。

発問例

1「これは、…」というのは、どれのことですか。とか、どこのことですか。という発問はよくない。

2「これは、レモンのにおいですか」ときかれて、松井さんはうれしかったんだよね。だって「にこにこして答えました」って書いてあるから。そのほかに、松井さんがうれしかったんだというのが解るところを探して？　という発問はどうか。読み取りにはふさわしい発問だと思うが、ちょっとレベルが高すぎて難しいかな。でも私はやはり、2から入るだろう。

どとなのつかない発問もいろいろ考えられる。その方が子どもには解りやすくて、いい発問になる。

つぎに、「松井さんが車に夏ミカンを持ち込んだ理由」をはっきりさせたい。「あまりうれしかったので、…車にのせてきた」その内容である。

「お母さんが息子の松井さんにミカンを送ってくれたのは、食べさせたかったからだね。もう一つの理由は？」（においまで届けたかった。夏みかんそのものより、お母さんの気持ち）

「お母さんは松井さんが夏ミカンを好きなことをよく知っているんだよね。においまでも好きなこともね。でも、お母さんも気づかなかったこともあるよ」（車にのせること。お客さんに自慢すること。お客さんににおいを感じさせてあげようとすること、など）

うまく、そこまで行くかなあ。考えればいろんな発問がある。

読み方についてもある。クエスチョンマークのついているのが二か所ある。

「これは、レモンのにおいですか?」これは「ですか↖」と語尾をあげる。もう一つの「こんなににおうものですか?」は語尾を下げる↙方が自然じゃないだろうか。語尾を上げると、現に匂っているのを否定しているように聞こえてしまう。

そのほか、速達の説明や速達にしたわけ（お母さんの方のわけと松井さんの方からみたわけ「におい」を元に考える、など）。

「ほう、…」「ほう、ほう」の読み方も難しい。この読み方（朗読）は、最初の時間ではなく、読み取りの勉強が終わって、子どもたちがこの場面の様子がイメージできるようになってからにした方がよい。

> アクセルをふもうとした時、松井さんは、はっとしました。
>
> （おや、車道のあんなすぐそばに、小さなぼうしが落ちているぞ。風がもうひとふきすれば、車がひいてしまうわい。）
>
> 緑がゆれるやなぎの下に、かわいい白いぼうしが、ちょこんとおいてあります。
>
> 松井さんは車から出ました。

そして、ぼうしをつまみ上げたとたん、ふわっと、何かがとび出しました。

「あれっ。」

もんしろちょうです。

あわててぼうしをふり回しました。そんな松井さんの目の前を、ちょうはひらひら高くまい上がると、なみ木の緑の向こうに見えなくなってしまいました。

（ははあ、わざわざここにおいたんだな。）

ぼうしのうらに、赤いししゅう糸で、小さくぬい取りがしてあります。

たけ山ようちえん　たけのたけお

小さなぼうしをつかんで、ため息をついている松井さんの横を、太ったおまわりさんが、じろじろ見ながら通りすぎました。

（せっかくのえものがいなくなっていたら、この子は、どんなにがっかりするだろう。）

ちょっとの間、かたをすぼめてつっ立っていた松井さんは、何を思いついたのか、急いで車にもどりました。

運転席から取り出したのは、あの夏みかんです。まるであたたかい日の光をそのままそめつけたような、みごとな色でした。すっぱい、いいにおいが、風であたりに広がりました。

松井さんは、その夏みかんに白いぼうしをかぶせると、とばないように石でつばをおさえました。


ここの場面の情景は本来なら、子どものイメージをつくるために、大事にしなければならないのだが、それがとても分かりにくい。

少し前に戻ると、「信号が青に変わると、たくさんの車がいっせいに走りだしました」という文があるから、そこは信号のある大通りである。そこから、細い裏通りに入った後で、しんしは降りたのである。

十五ページの挿絵は、しんしが降りた「細い裏通り」のはずである。でも、二車線の道路があり結構広い。右に家はあるが、左は開けていて、青い色だから、なにか紳士が車に乗った堀端のようにも見える。

後で出てくるもんしろちょうが逃げていった草原なんだろうか。そんなはずはない。ちょっと違和感がある。私だけだろうか。

「緑に揺れている柳の下」に白い帽子があったから、ここのような気もするが、よく見ると柳の木は舗装されているところに植えてあって、白い帽子が置いてあるイメージではないようだが、次のページにはちゃんと白い帽子が置いてある挿絵があった。

私のイメージの方が間違いであった。

ここは読む人によって様々なイメージを持つことができるが、入江めぐみさんによって統一されるのである。私は授業では挿絵に触れないことにする。

もんしろちょうを逃がしてしまったのは、松井さんの「善意から生まれた失敗」である。

そのことは、この物語の読み取りの、だいじなテーマの伏線でもあるから、子どもたちに気づかせておく方がいいと思う。

どのような順番で、どのような発問をして子どもに気づかせるかをじっくり考えなければならない。

ちょうを逃がしたのは松井さんのミスだが、ちょうの方から見れば、「逃がしてくれてありがとう」なのである。そのことが、もんしろちょうが女の子になって車に乗っていたという、ファンタジックなこのお話の基になっているのである。また、この物語の最後の方で、松井さんにだけ聞こえるように「よかったね、よかったよ」という言葉が聞こえたということにもつながるのである。

もう一度前に戻ろう。

松井さんはなつみかんを車のお客さんから見えないところに置いておいたのは解っていたが、どこへ置いたのだろうと思っていた。ここで改めてわかることは、助手席ではなく運転席においてあったのだということである。それが解ると、また新しい疑問が生じる。運転席のどこに置いたのか。運転の邪魔にならないところといえば、助手席との間か。はっきりしないのだ。

この問題は授業では扱わないことにする。

帽子の赤い刺しゅう糸で大事なことは「たけのたけお」ではなくて、「たけ山ようちえん」のほうである。その刺しゅうで松井さんにも我々にも帽子の持ち主である子どもの年齢が特定されたのだから。

「かたをすぼめてつっ立っていた松井さんは」そこで何を考えていたかというと、幼稚園へ行っている子のことについてである。もんしろちょうがいると信じて帽子をそっと開けたのに、何もいなかったら、どんなにがっかりするだろうと思っていたのだ。帽子の中から出てくるのはもんしろちょうではなくて、夏みかんで、しかも、「まるであたたかい日の光をそのままそめつけたような、みごとな色」でなければならなかったわけである。

松井さんはこの時、においまで「たけやまたけお」くんに届けようと考えていたかどうかは子どもに聞いてみる価値はあると思う。

それが読み取れるような言葉は見当たらないけれど。

車に戻ると、おかっぱのかわいい女の子が、ちょこんと後ろのシートにすわっています。

「道にまよったの。行っても、行っても、四角いたてものばかりだもん。」

つかれたような声でした。

「ええと、どちらまで？」

「え？ ……ええ、あの、あのね、菜の花横丁ってあるかしら？」

「菜の花橋のことですね。」

エンジンをかけた時、遠くから、元気そうな男の子の声が近づいてきました。

「あのぼうしの下さあ。お母ちゃん、本当だよ。本当のちょうちょが、いたんだもん。」

水色の新しい虫とりあみをかかえた男の子が、エプロンを着けたままのお母さんの手を、ぐいぐい引っぱってきます。

「ぼくが、あのぼうしを開けるよ。だから、お母ちゃんは、このあみでおさえてね。あれっ、石がのせてあらあ。」

客席の女の子が、後ろから乗り出して、せかせかと言いました。

「早く、おじちゃん。早く行ってちょうだい。」

松井さんは、あわててアクセルをふみました。やなぎのなみ木が、みるみる後ろに流れていきます。

（お母さんが虫とりあみをかまえて、あの子がぼうしをそうっと開けた時――。）

と、ハンドルを回しながら、松井さんは思います。

（あの子は、どんなに目を丸くしただろう。）すると、ぽかっとOの字に開けている男の子の顔が、見えてきます。

（おどろいただろうな。まほうのみかんと思うかな。なにしろ、ちょうが化けたんだから――）

「ふふふっ。」

ひとりでに笑いがこみあげてきました。でも、次に、

「おや。」

松井さんはあわてました。

バックミラーにはだれもうつっていません。ふり返っても、だれもいません。

「おかしいな。」

松井さんは車をとめて、考え考え、まどの外を見ました。

そこは、小さな団地の前の小さな野原でした。

松井さんは運転しながら、男の子がびっくりすることを想像して喜んでいるが、自分もすっかり騙されているのに気づいていない。それを知っているのはこの本を読んでいる人だけ。だからここで、子どもたちと先生が、内緒で可笑しがり、喜び合うところだ。

女の子に化けたもんしろちょうが、わざわざ松井さんの車に乗ったのはなぜだろうか。

1　誰かに聞きたくても、タクシーも人もいなかったから

2　運転手の松井さんは帽子から助けてくれた、やさしい人だから

3　松井さんなら、私がもんしろちょうであることに気づかないだろうと思っている

4　松井さんのタクシーの中に、夏みかんのにおいがまだ残っていたから

理由の第一がこの4だったら、とてもロマンチックなのだけれど、そこへ行き着くだろうか、私には自信がない。だが、その理由は一つとは限らなくてもいいと思う。

いい発問を積み重ねて（どとなの発問をしないで）この場面を子どもたちにイメージさせられたら、きっと、いい授業だろう。子どもたちも、今後こういう物語が好きになるだろうと思う。

このお話は「これはレモンのにおいですか」で始まり「車の中にはまだかすかに、夏みかんのにおいが残っています」で終わっている。「この物語はすべて夏みかんのにおいの中で起こったお話」である事を、子どもたちだけで発見することはたぶん、難しいのではなかろうか。そのときは先生が話してあげてほしい。

白いちょうが、二十も三十も、いえ、もっとたくさんとんでいました。クローバーが青々と広がり、わた毛と黄色の花の交ざったタンポポが、点々のもようになってさいています。その上を、おどるようにとんでいるちょうをぼんやりみているうち、松井さんには、こんな声が聞こえてきました。

「よかったね。」

「よかったよ。」

「よかったね。」

「よかったよ。」

それは、シャボン玉のはじけるような、小さな小さな声でした。

車の中には、まだかすかに、夏みかんのにおいがのこっています。


絵は普通、絵の具を使って描く。あまんきみこさんは言葉で絵を描いている。

「白いちょうが」「クローバーが青々と」「わた毛と黄色の花」「点々のもようになって」という言葉が絵の具である。

このことも、子どもに発見させせようとしてもなかなかできないから、先生が気づいたこととして、子どもに話してあげてほしい。この場面の情景が子どもの心に一層イメージされると思う。「よかったね。」「よかったよ。」という声は、松井さんに、ほんとうに聞こえたのだろうか、それとも、聞こえたような気がしたのだろうか、と、ぜひ子どもたちに尋ねてもらいたい。

子どもたちが「本当に聞こえたんだよ。だって『聞こえてきました』って書いてあるから」と答えたら、私はうれしい。

さらに、「もし先生が松井さんのそばにいたら、先生にも聞こえただろうか?」と訊いたら、子どもたちが「聞こえない。松井さんにだけ聞こえたの」と言ってくれたら、この授業は成功である。

だが、最後の三行は蛇足だから、やめといた方がいいかもしれない。こういう物語の授業は余韻を残して、スッキリと終りたいから。

終り

渋谷　栄一（しぶや えいいち）

1933年岩手県に生まれ、青森県で育つ。

横浜国立大学学芸学部を卒業後、神奈川県川崎市・鎌倉市の公立学校に勤務し、鎌倉市立富士塚小学校校長を最後に定年退職。

著書『学校のすること　お母さんのすること』『いじめも登校拒否もない学校』（教育出版）

学校が楽しい　教育の改革とその実践

2024年5月11日　第1刷発行

著　者　　渋谷栄一

発行人　　大杉　剛
発行所　　株式会社 風詠社
〒553-0001　大阪市福島区海老江5-2-2 大拓ビル5-7階
Tel 06（6136）8657　https://fueisha.com/
発売元　　株式会社 星雲社（共同出版社・流通責任出版社）
〒112-0005　東京都文京区水道1-3-30
Tel 03（3868）3275
印刷・製本　シナノ印刷株式会社

ISBN978-4-434-33690-4 C0037